主题乐园游客重游意愿影响机制研究

杜佳毅 ◎ 著

以上海迪士尼乐园为例

復旦大學出版社

目 录
CONTENTS

第一章　绪论 / 1
　　第一节　研究问题和研究意义 / 3
　　第二节　研究方法 / 7

第二章　文献回顾与总结 / 9
　　第一节　全球以及中国主题乐园行业 / 9
　　第二节　服务质量 / 14
　　第三节　体验理论 / 24
　　第四节　消费者满意度 / 47
　　第五节　消费者情绪 / 52
　　第六节　消费者重游意愿 / 86

第三章　全文研究模型和研究设计 / 93
　　第一节　核心概念界定 / 93
　　第二节　相关变量界定和假设 / 94
　　第三节　研究模型与研究设计 / 101

第四章　研究一：体验质量、体验价值和游客情绪的量表开发 / 103

　　第一节　焦点小组访谈 / 104
　　第二节　相关理论和文献回顾 / 106
　　第三节　体验质量和体验价值量表开发 / 135
　　第四节　探索性因子分析 / 139
　　第五节　乐园游客情绪量表开发 / 148

第五章　研究二：主题乐园游客重游意愿的影响机制研究 / 152

　　第一节　本书研究模型及假设 / 152
　　第二节　样本和数据 / 155
　　第三节　验证性因子分析 / 159
　　第四节　回归分析三大检验 / 168
　　第五节　路径假设检验 / 169
　　第六节　研究结论 / 180

第六章　研究总结和未来展望 / 183

附录1　焦点小组访谈提纲 / 191

附录2　主题乐园游客体验质量和体验价值调研问卷 / 192

附录3　主题乐园游客重游意愿影响机制调研问卷 / 196

致谢 / 201

主要参考文献 / 203

第一章 绪　论

2017年11月9日,《上海迪士尼项目经济社会发展带动效应评估报告》首次发布。报告指出,上海迪士尼乐园自2016年6月16日开园一年间,累计接待游客超过1 100万人次,拉动上海GDP增长0.44%,交出了一份出色的答卷。报告指出上海乐园项目对上海的发展带动是"由点及面,逐步释放"。首先,上海迪士尼乐园带动了上海以及周边地区的文化娱乐、工程建设、服务业等行业的发展升级。其次,上海迪士尼对上海周边区域的旅游发展有示范作用,为市民提供了休闲度假的新选择。乐园纪念品商品方面,一年内上海迪士尼乐园卖掉了100万只毛绒玩具、17万只气球、15吨太妃糖,超过100万枚迪士尼徽章被交换(搜狐新闻,2017)。迪士尼全球总裁罗伯特·艾格表示上海迪士尼乐园有望在2017财年实现财务盈亏平衡(财经天下周刊,2017)。

与上海迪士尼乐园相比,国内主题乐园行业的发展却不尽如人意。曾经在媒体上放狠话,说"有万达在,迪士尼20年内在中国无法盈利"的王健林,其万达集团在武汉的万达乐园项目,开业9个月后就宣布停业升级,后又宣布永久歇业。武汉万达乐园开业期间,每天接待游客平均仅在300～400人次。2017年7月10日,万达集团更是宣布出售旗下13个文化旅游项目。根据前瞻产业研究院的《2016—2021年中国主题公园行业发展模式与投资战略规划分析报告》,我国主题乐园真正实现盈利的不到10%。2016财年,方特集团全国接待游客总量3 163万人次,长隆集团旗下度假区接待2 762万人次,华侨城集团接待游客3 227万人次(2016年全球主题乐园和博物馆报告),但其他国内乐园表现不容乐观。

虽然上海迪士尼乐园第一年的开业形势大好,但是其未来发展也并非一片光明。成熟主题乐园市场需要很多有重游意愿的消费者。日本大阪影城2001年开业,第一年游客数就达到1 100万人次,但第二年就下降到763万人次。到2011年左右,大阪影城接近破产,直到2014年引入"哈利·波特魔法世界"才恢复往日辉煌。2015年,游客人数提升到1 390万人次。上海引入迪士尼乐园,其目的就在于激发整个主题乐园行业提高品质,为国内乐园的转型升级提供示范。提高游客的重游意愿才是主题乐园行业真正应该考虑的,找出影响主题乐园游客重游意愿的影响机制是本书的研究目的。关于国内主题乐园和上海迪士尼乐园的差距,迪士尼全球总裁罗伯特·艾格(财经天下周刊,2017)总结为游客的体验感。

Schmitt(1999)指出,体验是营销领域的关键词,是产品、商品和服务之后的第四种"市场提供物品"。当一个企业把公司、产品与服务视为向消费者展示自我的舞台,体验就会发生(Pine Ⅱ & Gilmore, 1998)。主题乐园是典型的体验消费(Johns & Gyimothy, 2002),其核心价值就是为消费者创造美好的体验,留下难忘的回忆,使他们愿意在未来再次来到主题乐园。主题这个词,在乐园中,通过建筑、规划、服务人员、表演、服务、商品和其他服务展示,最终通过消费者的视觉、听觉、嗅觉、味觉和触觉影响消费者体验(Milman, 2009)。主题乐园中,游客与环境、工作人员、其他游客高度互动,相互影响。长久以来,挖掘旅游体验的精髓一直是研究者们的关注重点(MacCannell, 1976;Cohen, 1979;谢彦君,2005)。目前关于旅游体验的研究,更多的是服务质量和满意度等传统视角,但对游客情绪、体验价值等的研究比较匮乏(叶顺,2015)。管理学大师德鲁克有句名言,企业的目的只有一个,创造消费者(刘文超,2011)。在市场营销领域,研究消费者行为是重要的环节。理解消费者需求,为消费者创造良好的体验,对于学术研究和管理实践都有着重要的影响,但是目前体验研究很少关注能够真正影响消费者行为意向的体验因素(Kim, 2012)。

传统的观点把消费者当作理性的人,忽视了消费者情绪(Kao et al., 2007)。Hastie(2001)提出未来的决策研究中有十六个重要的方向,情绪为其中之一。人们在决策过程中,信息处理能力有局限性,也无法避免情绪的影响。传统的消费者行为研究领域都忽视了外部环境和情绪对消费者行为的影响(Barsky & Nash, 2002),这些因素影响消费者的心情和感知,因此影响行为意愿(Jackson et al., 1993)。特别在消费者决策行为中,情绪起着重要的作用(Loewenstein & Lerner, 2003)。在主题行业研究语境中,了解游客的情绪对于深入挖掘游客行为意愿有重要启示。

第一节 研究问题和研究意义

一、研究问题的界定

本书的核心问题是找出影响主题乐园游客重游意愿的影响机制。一方面,主题乐园是典型的体验消费。关于国内主题乐园和上海迪士尼乐园的差距,迪士尼全球总裁罗伯特·艾格总结为游客的体验感。但关于体验是否能真正影响游客的满意度和行为意愿,学者们争议很大。本书解决了这个疑问,即要为游客创造怎样的体验去真正影响游客的满意度和后续行为意愿。另一方面,过往的研究把消费者视为理性的人,把满意度等同于消费者的后续行为意愿。本书重视消费者情绪,证实了部分情绪调节了满意度对重游意愿的影响。

研究一是研究二的先导研究。首先,研究一实施了三组焦点小组访谈,焦点小组访谈的目的在于收集消费者在主题乐园里面的体验经历和情绪感受,为开发相关量表做好铺垫。其次,研究一阐述体验质量和体验价值的概念、构成内容和作用机制,梳理了这两个概念的不同之处。研究一基于三组焦点小组访谈的内容和334份线上有效问卷,探索了体验质量和体验价值的维度和内部结构,据此设计测量量表并进行探索性因子分析。最后,研究一分析了主题乐园中游客可能获得的情绪,并开发了主题乐园游客情绪量表。

研究二首先对体验质量、体验价值和游客情绪量表进行了验证性因子分析;其次,构建了主题乐园体验价值、体验质量、游客情绪、满意度、重游意愿这些潜在变量之间的关系,提出本书的理论模型和所有假设;最后,基于215份现场有效问卷验证了乐园游客重游意愿的影响机制。

二、研究意义

(一)理论意义

第一,本书证实了体验的重要性。体验可以影响游客满意度,塑造游客行为意愿,但并不是所有体验要素都有同样的作用。本书梳理了体验相关的概念和理论,因为过往文献研究中,体验、服务质量、体验质量、体验场景、体验价值这些概念的使用相对混乱。本书基于大量文献阅读和整理,梳理出体验质量和体验价值这两个重要概念的区别。消费者体验是一个多层次、多维度的复杂概念,在研究主题乐园体验时,既要考虑体验质量这种功能性体验,也要重视体验价值、重视游客的主观感受。

第二,消费者体验高度主观化,受到具体情境的影响,在不同的行业和产品范畴下,消费者体验的具体内涵有所不同,本书认为有必要在现有量表的基础上,结合主题乐园产品和服务的特殊性,开发符合具体场景的消费者体验测量量表。目前关于主题乐园体验质量和体验价值的实证研究是一个缺乏系统和科学的定量评价方法的研究领域,需要开发一套能够科学运用的量表,为国内外的主题乐园研究提供理论补充。本书对体验质量和体验价值变量的相关维度进行探索,开发主题乐园语境下的体验量表并进行验证。关于主题乐园体验质量,本书最后确定了五个维度,包括物理环境、交流环境、其他游客、乐园商品和拍照留念。关于主题乐园体验价值,本书最后确定了三个维度,包括想象力、沉浸和真实性。

第三,传统的观点把消费者当作理性的人,忽视了消费者情绪(Kao et al.,2007)。Hastie(2001)提出未来的决策研究中有16个重要的方向,情绪为其中之一。人们在决策过程中,信息处理能力有局限性,也无法避免情绪的影响。传统的消费者行为研究领域都忽视了外部环境和情绪对消费者行为的影响(Barsky & Nash, 2002),这些因素影响消费者的心情和感知,因此影响行为意愿(Jackson et al., 1993)。特别在消费者决策行为中,情绪起着重要的作用(Loewenstein & Lerner, 2003)。在主题乐园行业研究语境中,了解游客的情绪对于深入挖掘游客行为意愿有重要启示。消费者情绪测量方法极具多样性,设计特殊语境下的消费者情绪量表是有必要的。本书开发了主题乐园游客情绪量表,包含了四个维度,爱(被关怀、感到爱、浪漫、幸福和温暖)、高兴(欢乐、愉快、满足和高兴)、惊喜(惊奇、激动人心的、入迷的和梦幻的)和不愉悦(生气、沮丧、失望和担忧)。

第四,本书解决了关于体验能否影响重游意愿的争议。本书发现不同体验要素对消费者满意度和行为意愿的影响差距很大。体验质量对满意度和行为意愿的影响非常有限,而体验价值对满意度和行为意愿有显著影响。这为乐园的设计和经营提供了有效的指引。体验价值是影响游客精神层面的符号体验,是真正停留在游客心里的感受价值,带给游客无与伦比的回忆,让他们在未来想要再次回到乐园。物理环境、交流环境等虽然很重要,但并不是赢得消费者的全部砝码。消费者追求的是能够彻底投入融入和忘却自我的体验感受,这些体验要素是把消费者再次带回乐园的关键要素。

第五,本书证实消费者情绪在满意度和重游意愿之间起到了调节作用。在主题乐园行业研究语境中,了解游客的情绪对于深入挖掘游客行为意愿有重要启示。本书发现乐园经营者要关注消费者情绪,仅仅让消费者高兴是不够的,给消费者创造惊喜,让他们感受到爱和温暖,才是乐园经营者的终极目的。

综上,通过对上海迪士尼乐园的实证研究,本书分析出主题乐园的体验产生过程,弥合过去研究中关注认知元素忽略情感元素的不足,将体验质量、体验价值和情绪融合到一个模型中,构建主题乐园游客的重游意愿影响机制。

(二)现实意义

第一,从乐园经营者的角度,了解乐园游客行为能帮助主题乐园的经营者更好地找到自己的市场定位,制定营销策略。

第二,学者们关于旅游体验的作用一直存在争议,即体验能否真正影响游客的满意度和行为意愿。这种认知的不一致带给经营者很多困惑,经营者不知道应该为消费者创造怎么样的体验使得他们在未来会重返乐园。本书的研究结论为乐园经营者指明了方向。

第三,培养消费者也是主题乐园很重要的一项工作,本书为如何培养消费者提供了现实指导建议。

第四，乐园经营者需要关注消费者情绪，本书指出了乐园经营者应该为消费者创造怎样的情绪。

第五，上海迪士尼乐园的成功并不代表国内其他乐园没有机会，上海迪士尼乐园的成功为其他乐园的经营和管理提供了良好的示范。

（三）创新点

本书结合了心理学、管理学和营销学等，从跨学科和综合性的角度研究了主题乐园游客消费者行为。本书的创新之处表现在以下五个方面。

第一，本书区分了体验质量和体验价值这两个概念，解决了体验是否能真正影响消费者行为意愿的争议。有些学者认为体验能够影响消费者行为，但有些学者认为体验无法对游客产生影响，因为游客会很快遗忘体验。以往大部分文献对这两个概念的使用都非常模糊。本书指出，体验质量是服务质量的延伸，更强调的是乐园功能性价值，来自消费者和客观环境的互动，对游客行为意向的影响有限。体验质量是企业经营者为了给消费者创造美好体验所创造的一切，是企业可以控制和管理的。体验价值更强调的是享乐性价值，是消费者能真正从体验中获取的价值，是消费者的主观感受，对游客行为意向有显著影响。

第二，消费者体验高度主观化，受到具体情境的影响。本书在现有量表的基础上，结合主题乐园产品和服务的特殊性，开发符合具体场景的消费者体验测量量表。目前主题乐园体验质量和体验价值的实证研究是一个缺乏系统和科学的定量评价方法的研究领域，本书开发的量表为国内外的主题乐园研究提供了重要理论补充。

第三，本书开发了主题乐园消费者情绪量表。消费者情绪的定义和内涵具有多样化特征，研究者应该根据具体研究语境挖掘消费者情绪内涵。消费者情绪测量方法极具多样性，设计特殊语境下的消费者情绪量表是有必要的。

第四，本书证实了情绪对消费者行为有显著影响，开发了主题乐园消费者情绪量表，并证实爱和惊喜这两种情绪正向调节了满意度对重游意愿的影响。传统的消费者行为研究忽视了情绪对消费者行为的影响，将消费者视为理性的人。本书关注消费者情绪在游客游园中的作用，丰富了相关理论的发展。

第五，本书通过研究主题乐园的体验价值、体验质量、游客情绪、满意度、重游意愿这些潜在变量之间的关系，构建主题乐园重游意愿影响机制模型。

第二节　研　究　方　法

关于研究方法，杨国枢(2006)归纳总结了两条道路。一种是归纳方法，从已有的现象，归纳总结出新的理论。另一种是基于现有的理论，推演出现象。究竟哪一种方法更为严谨，学者间没有达成共识，因为他们的研究目的和立场不同，对于什么是科学研究有着不同的理解(陈向明，2000)。Cooper(2006)提出，在旅游研究中目前最大的一个问题就是，没有建立自己的学科理论基础，盲目学术崇拜，引入大量其他学科的理论。国内学者旲国祥(2006)也指出，"消费体验研究还没有走出库恩所定义的范式 Q 前阶段"。

本书采纳的研究方法遵循以下三点。首先，同时整合定性和定量的研究方法。陈向明(2000)指出，在社会科学研究领域，定性和定量分析都很重要。定性分析带有较多的主观分析，重视现象学和阐释学(贾跃千，2009)。随着国外研究方法影响的增加，我国学者也更多地采取了定量研究。其次，兼顾学术研究和实践管理，特别是对于主题乐园行业这种需要从学术领域引入新理论来引导实践管理的行业，本书的研究更需要将两者有机结合。传统的学术研究太注重理论本身的正确性，忽视了理论的应用(贾跃千，2009)。而实践管理者善于从具体管理工作中总结经验，但这些经验在行业中的普适性值得推敲。最后，本书既有探索性研究，也有实证研究。杨国枢(2006)指出，在小范围内，构建探索性理论是很有意义的，进一步的实证研究能帮助验证新理论。

一、文献综述

文献综述是对现有理论的回顾和总结，梳理观点、找出问题是发现研究问题和建立新理论的坚实基础(贾跃千，2009)。文献综述不是简单地罗列出已有文献，而是对本书所涉及的所有理论领域找出核心思想与不足之处，为本书进一步的研究指出方向。

二、焦点小组访谈

焦点小组访谈最早是精神病医生用来治疗群体病人,现在常用于社会学、心理学和管理学的研究中。焦点小组一般由 6 到 10 位被访者组成,一位主持人进行引导,采用半开放式的提问对某一观点或主题进行深入讨论,其目的在于挖掘被访者内心的想法。焦点小组访谈并不是被访者个人访谈的总和,而是在于让被访者能够相互启发,对主题进行充分的交流和讨论。焦点访谈能起到的作用,远远大于个体访谈的总和。焦点访谈的被访者可以是来自不同群体的人,但是他们往往拥有共同的经历或特征。半开放式的问题能够让被访者更全面地表达自己的看法,使得被访者的影响力增加。但焦点访谈得来的信息较为凌乱,给研究者的后期整理带来不便。访谈过程中,不同被访者的观点可能会发生冲突,对主持人的引导要求较高。而且在有限的时间里,也很难保证每一位被访者都能充分表达自己的想法(孙晓强,2009)。

三、量表开发

对于西方学者已经开发出来的成熟量表,部分中国学者会照搬照抄。但由于社会、经济、文化环境的巨大差异,中西方消费者也有很大的不同。如果把西方的一些量表直接拿来使用,偏差在所难免(孙晓强,2009)。何佳讯(2006)就指出要进行本土化研究,在核心概念上结合中国价值体系,开发符合中国消费者的量表。本书采用 Churchill 在 1979 年提出的量表开发程序,包括界定概念、访谈、开发新量表、抽样调研、样本测量、信度与效度等。

第二章

文献回顾与总结

第一节 全球以及中国主题乐园行业

旅游业是世界经济的重要支柱产业,而主题乐园产业更是做出了杰出的贡献(Dong & Sui,2013)。Kim(2001)认为主题乐园提供了很多游客特地到某地来旅游的原因。主题乐园形式多种多样,有些主题乐园以惊险的骑乘设施为主,有些以历史文化主题为主,有些以园艺和野生动物园为主题。与普通商品和服务相比,主题乐园是多重有形产品和无形服务的综合体,它营造的独特空间环境为游客提供了良好的体验。

决定建设主题乐园需要很谨慎。第一,主题乐园前期需要巨大的投资。而且开业运营以后,需要不停投资新景点来保持吸引力(Oest et al.,2010)。Graft(1986)指出主题乐园应该保持新鲜感、令人振奋和充满想象。Divtvorst(1995)指出主题乐园的一个常见现象就是每年扩充一个新景点,每年平均要用收入的20%去投资建设新景点(Kemperman,2000)。1991年,美国洛杉矶环球影城把当时风靡一时的影片《回到未来》制作成新景点,游客数同年增加52%(Formica & Olsen,1998)。第二,主题乐园往往在娱乐设备和骑乘设施上投资较高,维护成本也很高。乐园还需要提供多种多样的服务使得游客在乐园里停留更长时间。Geissler等(2011)提出主题乐园与普通游乐园相比是不同的,主题乐园往往包含一个或多个精心设计的子乐园。第三,成熟的主题乐园市场需要很多有重游意愿的消费者。Smart(1989)指出主题乐园客源市场和交通便捷的重要性。他的研究发现一个主题乐园附近1小时车程内(一级客源市场)需要有200万常住人口,3小时车程内(二级客源市场)至少也要有200万常住人口。第四,主题乐园行业不仅面临着其他休闲和旅游产品的激烈竞争(Braun & Soskin, 1999),还面对来自科技、政府政策、社会和经济环境的挑战。上海迪士尼乐园的中美谈判历经20年才完成,很大程度就是受到两国政府关系的影响。

一、主题乐园起源

主题乐园最早可以追溯到古希腊罗马时代的集市。16世纪,商人们把一些游乐设施比如旋转木马带入集市中去招揽更多客人。中世纪以后,欧洲很多地方为了庆祝宗教节日,也会举办各种市集活动。现代主题乐园最早的雏形是游乐园(Amusement Park),以展示微缩模拟景观为主。

(一) 美洲

在美国,游乐园兴起于18世纪中期的农贸会。农贸会上,许多农场主不仅展示农产品,还带来了木偶剧、走钢丝、小丑和小提琴家表演(Wilmeth, 1982)。后来的世博会和国际贸易展览会也深深影响了主题乐园行业的发展。这些国际性的展会促使主办国积极使用新科技,用更有趣的方式展示(Wilmeth, 1982)。1893年芝加哥举办的哥伦比亚世博会邀请了72个国家参与,在展厅之外,一个名为大道乐园的景点吸引了众人的目光,它囊括了各民族多元文化,包括印度集市、摩尔人的宫殿、中东肚皮舞和中国庭院等。世界上第一座现代摩天轮菲里斯摩天轮,也出现在那届世博会上(Wilmeth, 1982)。Tilyou被誉为美国现代游乐园之父(Ford & Milman, 2000),他在美国纽约科尼岛建立的越野障碍赛乐园(Steeple Chase Park)有美国的第一部过山车。后来在科尼岛上陆续有月亮公园、梦幻岛等游乐园出现,广受民众欢迎。

20世纪,随着汽车和火车等交通工具的普及,很多乐园经营者到城市以外的郊区投资开发乐园。他们在游乐设备中融入科幻与梦想,给予乐园新的发展前景。Clave(2007)认为华特迪士尼创立的第一个迪士尼乐园(位于加州安纳海姆)启迪了整个现代主题乐园行业的发展。"迪士尼乐园代表了美国人民,代表了过去和未来,通过想象的翅膀,我看到了温暖、往事、梦幻、色彩和光芒。""进入迪士尼就像进入了另一个世界,好像爱丽丝在她的梦境里掉进了兔子洞一样"(Smith,1999)。1961 年美国得克萨斯州的六旗主题乐园开业,这是第一个成功运营的非迪士尼主题乐园。美国主题乐园行业在 20 世纪的 60 年代和 70 年代蓬勃发展(张晓振,2011)。

(二)欧洲

17 世纪初,欧洲流行起娱乐花园,从法国开始蔓延到整个欧洲,以花园、绿地、广场配合游乐设施,表演演出和音乐等,广受欢迎。后来更多的机械游乐设备被引进,游客的参与程度大大提高。到 19 世纪后期,机械游乐设备成为游乐园的主流(张晓振,2011)。最著名的是展示荷兰历史民俗文化的小人国马度洛丹和丹麦卡拉姆堡的巴肯公园。其他类似的公园包括维也纳的普拉特公园、哥本哈根的蒂沃利公园和英国的黑池游乐园。

(三)亚洲

很多发展商把亚洲主题乐园发展的滞后归咎于 1998 年的亚洲金融危机,但有研究发现亚洲主题乐园行业并没有真正了解亚洲消费者的需要。研究发现在亚洲一个主题乐园的成功要素包含地点、质量、安全、持续性、想象力的主题、广告、活动和促销(Emmons,1999)。Aziz 等(2012)认为主题乐园在亚洲大有前途,因为亚洲经济腾飞,中产阶级家庭不断涌现。他们拥有更多的自由时间和可支配收入,对娱乐和休闲活动渴求更高。中国、新加坡、韩国和印度等国家涌现了一批主题乐园。新加坡作为一个旅游城市,自然风光资源缺乏,政府大力发展主题乐园,先后开发了鳄鱼公园、飞禽公园和圣淘沙主题乐园等。

(四)中国

深圳的锦绣中华是中国第一座真正意义的主题乐园,第一年接待游客超过 300 万人次,收回全部投资。锦绣中华的成功引爆了主题乐园热,全国各地纷纷进入建设乐园的热潮中,但鲜有成功。1998 年,投资高达 8 亿的福禄贝尔园在开业一年后就宣布暂停营业,海南的通什民族文化村在开业 8 个月后也宣布倒闭。国内主题乐园生命周期短,游客重游意愿不高(张晓振,2011)。

二、主题乐园定义

美国国家游乐园历史协会(National Amusement Park History Association,

NAPH)把主题乐园定位为,以某个主题为中心,把建筑、吸引物、骑乘设施和表演等组合在一起的乐园。Mills(1990)指出主题乐园运用高科技,展示充满异域风情和有教育意义的表演和演出。Milman(1991)把主题乐园视为休闲活动的一种形式,为个体提供娱乐机会。Clave(2007)提出主题乐园应该有一个明确的主题,里面包含几个小主题区域,提供娱乐、食物和商品。整个乐园封闭管理,可以控制人数,需要购买门票进入,能够吸引家庭。

国内学者董观志等(2000)总结了主题乐园的几个特点,包括收取门票、围绕一个或多个主题、为游客提供休闲和娱乐活动。王德刚(2000)认为主题乐园是现代人造景观,用舞台化的表演满足游客的多样化需求。马勇(2002)强调乐园采用现代高科技技术,融娱乐、休闲和服务为一体。

本书主要采纳林苑地(2004)提出的定义,他提出主题乐园的要素包含主题、游乐设备、服务设施、操作维护和安全保障等。第一,乐园以特定主题为线索,设计乐园是围绕这个线索来运用各种现代化技术,目的在于带给游客欢乐、新奇、刺激和惊险等体验。第二,游乐设备是主题乐园中最重要的载体。第三,服务设施虽是辅助设施,但对游客体验和情绪有重要影响。第四,追求惊险和刺激的前提是安全保证。乐园的日常操作和维护是保障乐园安全运营的重要前提,需要工作人员有正确的专业知识和良好的服务态度。

三、国内外关于主题乐园的研究

(一) 国外学者

国外关于主题乐园的研究集中在过去 30 年间。McClung(1991)总结出游客选择主题乐园时考虑 7 个外部因素和 13 个内部因素。Formica 等(1998)分析主题乐园带来的机遇和挑战。Moscardo 等(1986)在澳大利亚的研究认为历史型主题乐园提供国内游客一个了解自己国家历史和文化的真实视角。Hin-You(2002)的研究指出游客的年龄、心理特征和以往的游园经验都会影响游园动机。

哪些因素会影响主题乐园的游客数量和未来发展,很多学者都开展了相关研究(Oest et al.,2010)。Moutinho(1988)关于苏格兰乐园的研究发现,影响消费者偏好的要素包括有趣的供骑乘的游乐设施、短暂的等待事件、好的天气和环境、地理位置、乐园价格、家庭氛围和运营时间。McClung(1991)总结了七个要素,孩子、价格、人流、距离、天气、住宿和游客对乐园的偏好。Kemperman(2000)的实证研究证明旅游时间、乐园规模、天气情况和门票价格等都会影响游客的游园选择。Kauah(1996)对新加坡乐园的实证研究发现环境变化和消费者偏好对乐园运营发展有重大影响。Samuels(1996)对比美国佛罗里达主题乐园和周五主题乐园后发现,零售购物、赌场、人口特征、休闲市场和附近的中小型景点都对主题乐园的发展起着关键作用。Milman(2001)指出乐园发展与经济发展、社会人口特征等密切相关。Oest 等(2010)调研了四家欧洲主题乐园,研究发现每个乐园增加新景点带来的游客增长数是不同的,最高 23% 最低 2%,但研究者并没有分析原因。Milman(2009)调研发现,奥兰多迪士尼乐园更容易受到经济环境的影响,因为乐园的主要客源并非来自乐园所在地。

主题乐园行业没有被整个行业接受的乐园分类。Ady(2010)提出可以根据地理位置、年游客人数、年收入、娱乐项目的数量来分类。Milman(1993)概括的分类标准包括地理位置、游客容纳量和乐园建设费用。Clave(2007)提出可以根据乐园目标客户市场来源分类。

(二)国内学者

保继刚(1997)提出主题乐园所处的区域发展(包括交通条件、经济水平和城市形象)、目标市场和决策者行为都会影响乐园发展。邹统钎(1997)提出主题乐园要突出娱乐性、运动性和参与度。王宁(1999)探讨主题乐园的开发规划,提出了文化、商业、地域和本体四个维度。冯维波(2000)指出文化内涵是主题乐园开发的关键。陈孟炯(2001)针对政府退出管理后的昆明世博园,总结了国内主题乐园的游客量曲线。熊元斌(2001)把国内主题乐园分成微缩景观、历史风貌、民俗风情、文化体验、绿色环保和科技娱乐六个类型,针对每种类型乐园提出了营销战略建议。刘振宾(2003)强调表演演出对于主题乐园的重要性,表演演出能够丰富游客体验,让游客在园区停留更多时间。董观志(2010)以深圳欢乐谷为研究对象,建构了游客满意度曲线模型,发现游客对主题乐园的满意度曲线呈现为倒 U 形。曹秀玲(2008)以费耐尔计量经济学模型为基础,提出主题乐园游客满意度模型。

四、上海迪士尼乐园

历经 20 年的中美谈判、五年的工程建设,花费 350 亿元人民币的巨额投资,上海迪士尼乐园于 2016 年 6 月 16 日正式开园。这也是全世界第六个迪士尼乐园,占地面积 3.9 平方千米,坐落于上海的浦东新区,距离上海浦东机场仅 14 千米。园内一共包含五大区域,包括主入口花园、梦幻世界、宝藏湾、探险岛和明日世界。

2017 年《上海迪士尼项目经济社会发展带动效应评估》报告首次发布。报告中指出,上海迪士尼乐园自 2016 年 6 月 16 日开园一年间,累计接待游客超过 1 100 万人次,拉动上海 GDP 0.44%。上海引入迪士尼乐园,其目的就在于激发整个主题乐园行业提高品质,为国内乐园的转型升级提供示范。

五、文献述评

国内外学者对主题乐园的历史起源、目标市场、行业发展贡献了很多深入研究。但较少有学者从体验角度对乐园游客的感受和情感进行深入挖掘,也缺乏相关实证研究。现代主题乐园,景点和娱乐设施的意义已经被消费者在讲故事的氛围中得到的体验所代替。主题乐园的责任不再仅仅是创造一个有主题的乐园,建设那些娱乐设施。Benedikt(2001)定义了一些与休闲有关的体验,比如控制天气的购物中心、有着客厅感觉和咖啡吧的书店,宫殿似的电影院。他认为:"在体验经济时代,每个地方、每个产品、每种服务、每个活动都应该是主题性的,就像一个永不停歇的狂欢节。"21 世纪的消费者在主题乐园中追求的不再只是惊险刺激的过山车,而是令人难忘的氛围。所以,主题乐园不再是游乐设施,而是为游客提供高质量服务,创造体验,让他们感到满意,收获积极的情绪,未来愿意重返乐园。

第二节 服务质量

20 世纪 70 年代末,学术领域就开始了服务质量的研究,并在 90 年代飞速发展(贾跃千,2009)。服务质量对于服务业发展尤为关键(Zeitham et al.,1996),服务质量是满意度的重要前因变量。与消费者情绪、满意度这样带有消费者主观判断的概念相比,服务质量以企业为导向,对于企业来说更易于管理和控制。国际标准化组织在1988年就推出了ISO国际质量认证,推动企业对产品和服务质量的重视(Johnson et al.,1995)。服务质量研究中,定义服务质量和划分服务质量维度是核心问题,但学者之间观点不一,发展出不同的学术思想(Gronroos,1984;Parasuramanet al.,1985)。

一、服务质量定义

服务质量的理论基础多来自消费者满意度和产品质量的文献(Brady & Cronin,2001)。早期服务质量定义主要关注其操作化功能而忽视其概念性定义(Parasuraman et al.,1985)。Tuchman(1980)认为好的服务质量是消费者消费了某种产品或服务后获得的优越感。Zeithaml(1988)认为服务质量是一种对服务或产品优越性的比较。叶顺(2015)提出服务质量是企业提供服务的感知优越性,是消费者在消费后的服务评价。另一方面,表现结果、服务质量和满意度这几个名词一直被混用。但前两者一般只包括认知元素,满意度包含认知和情感元素(Oliver,1996)。Oliver(1996)把表现结果定义为产品或服务的属性评价。服务质量是消费者可以感知到的(Gronroos,1984),消费者被假设为知道自己的需求是否被服务所满足的理性人。

赵汝芹(2007)总结了四类主要的服务质量定义。(1)服务质量是消费者把服务期待与实际感知到的服务进行对比;(2)服务质量包括卓越的服务和质量水平,即服务要满足消费者的期待,也要满足服务传递过程中的运作要求、内部成本和收入指标;(3)服务质量就是消费者的期望服务和感知服务之间的差距;(4)服务质量包括环境质量、关系质量、情感质量、技术质量、功能质量和沟通质量。

贾跃千(2009)在总结文献的基础上,把服务质量定义划分为四个出发点。第一种定义基本把服务质量等同于避免价值损失。这种定义在消费者研究领域很少见,但在经济领域很常见。因为在经济领域中,价值和质量有密切关系。第二种定义将实际服务质量与先期设定的服务标准相比较。这种定义常见于企业管理中,但是把质量作为一种绝对意义上的评判忽视了消费者的作用。第三种定义类似于满意度期望-差异范式,把服务质量定义为与消费者期望的比较。这种定义混淆了服务质量与满意度,而消费者期望也不是一个有清晰定义的概念。第四种定义将服务质量视为消费者对于产品或服务的总体态度。这种定义几乎把服务质量等同于消费者态度。

二、服务质量的维度划分以及测量方法

关于服务质量的另一个核心争论就是服务质量维度划分,因其影响因素众多,争议也最大(Brady & Cronin, 2001)。贾跃千(2009)提出了三个划分服务质量维度的角度,包括元素论、流程论和过程论。元素论中最著名的就是服务质量三要素论。Gronroos(1982)根据技术与功能将服务质量划分为三类:技术质量、功能质量和形象质量。Rust等(1994)提出了服务模型三维度,包括服务环境、服务产品和服务传递。服务环境是物理环境设施、外观以及整体氛围。服务产品是服务本身,比如住宿与接待等。服务传递就是消费者与服务提供商的互动部分。Walker(1990)提出的三要素为可靠的产品、环境属性和传递过程。Brady等(2001)提出的三个要素为消费者与员工之间互动、服务环境、服务质量结果。Chen等(2013)提出服务物理环境元素和人际互动元素。要素论把服务质量视为多层次模型,每个要素都有各自的子维度。要素论重视服务传递过程中出现的所有元素,侧重服务场景内涵,重视消费者与服务场景的互动(贾跃千,2009)。要素论理论研究不少,但实证研究有限(Ekinci, 2002)。

流程论是提取若干服务维度,对每个维度的一些重要属性进行测量。比较典型的代表就是国家旅游局制定的旅游景区质量等级评定和旅游饭店星级评定,具有较高的实际操作性。但是流程论中到底应该提取哪些维度的分歧很大(贾跃千,2009),增加或减少一个环节对服务质量评判影响很大。流程论没有理论依据,无法上升到抽象层面,研究者的主观影响太强。过程论聚焦服务传递过程,关注服务人员(Brady & Cronin, 2001)。部分学者批判过程论过于抽象,没有理论支撑(Buttle, 1996)。

(一)拆分元素的测量方法:SERVQUAL量表

Parasuramn(1985)通过与企业员工的深度访谈和消费者焦点小组访谈,

提出SERVQUAL量表,包括可靠性、有形性、安全性、移情性和响应性五个维度。量表采用李克特七级评分,两端为十分不同意和十分同意,要求被试者给每个测量项目打分,把每个项目的感知得分减掉期望得分就得到了服务质量得分。安全性的评价基于四个元素:可达性、完整性、整洁度和状况维护。有形性关注物理设施、员工的仪表、服务设施和其他消费者。可靠性是服务提供商提供的服务是否表现一致、遵守其服务承诺。响应性是企业员工举止是否恰当、具有专业知识能力、能积极响应消费者需求和乐于助人(Getty & Getty, 2003)。移情性是服务提供商是否给予消费者更多个性化的关注、满足他们全方位的需求(Getty & Getty, 2003)。

SERVQUAL量表将感知质量视为一个缺口,这个缺口来自产品提供系统。SERVQUAL量表被服务行业广泛使用,量表信度和效度得到有效保证(谢彦君,2010)。Tichaawa等(2015)基于SERVQUAL测量包含早餐的民宿B&B的服务质量。Getty等(1994)基于SERVQUAL开发了测量酒店业服务质量的LODGQUAL量表。Mei等(1999)开发了更简洁的酒店业服务质量HOLSERV量表,该量表只包含三个维度,即有形性、可能性和员工表现。消费者对于服务的感知是有一个区间范围的,区间的上限是消费者对服务会达到甚至超过的期望,下限是服务必须达到的最低要求。但在区间范围内,消费者对于感知服务的变化评判较弱,这个区间就被称为消费者容忍区间(贾跃千,2009)。

SERVQUAL量表的提出造福了很多研究者,因为其简单易用、操作规范。但针对量表的争议也不少(Ladhari, 2013),如时间测量、测量维度、跨行业的应用等(Heugn et al., 2003; Llosa et al., 1998)。最大的争议莫过于量表的普适性,能否应用于所有的行业(Buttle, 1996; Ekinci, 2002)。Brown等(1993)基于600篇的文献回顾指出此量表不具有普适性。不是所有的实证结果都证明SERVQUAL量表有5个因子,有些研究结果显示出1到7个因子(贾跃千,2009)。总体而言,SERVQUAL量表推动了服务质量研究,功不可没,但是具体应用到每个行业,需要做出合理的调整,适应该行业特征。

(二)拆分元素的测量方法:SERVPERF量表

Cronin等(1992)认为消费者期望难以测量,他们提出SERVPERF量表。

此量表是 SERVQUAL 的修正,视服务质量为态度,问项内容与 SERVQUAL 基本相似。SERVPERF 量表无须计算期望-感知的差异,简单实用,但本质与 SERVQUAL 类似。关于 SERVQUAL 的质疑也同样可用于 SERVPERF。

（三）拆分元素的测量方法：非差异评价法

Brown 等(1993)对 SERVQUAL 和 SERVPERF 两个量表提出质疑,即消费者期望与感知都是不断变化的,相减后的数值更是变化多端、难以衡量。他们提出了非差异评价法(Non-difference),直接测量消费者感知与期望之间的差异。非差异评价法与前面两个方法相比更为简洁,但主导思想未变,没有对理论发展做出贡献。

（四）拆分元素的测量方法：重要性-绩效分析法

Martilla 等(1997)提出了重要性-绩效分析工具(Importance-Performance Analysis, IPA),除了服务质量元素,还关注元素的重要程度。设计这个工具的最初目的是帮助公司找到应该优先关注的元素,制定营销策略。

（五）拆分元素的测量方法：Kano 二维测量方法

Matzler 等(2004)认为 IPA 方法有两个错误假设：一是元素的表现和重要性都是独立变量,二是元素与满意度之间是线性关系。他们认为服务表现有三个因素,包括基本因素、兴奋因素和表现因素。Oh(2001)提出了修正模型,即 Kano 二维测量模型。这个模型认为元素内容和重要性是相关变量,而且元素和满意度之间是非线性关系。

以上这些测量方法的基本思想是把服务质量拆分为若干重要的元素,请被试者对元素进行打分,最终的服务质量就是分值总和。方法背后是缺口理论和消费者是理性的假设。更多的学者也试图设计适用于不同的消费情境下的测量量表(谢彦君,2009)。

（六）划分过程的测量方法：净服务质量模型

拆分元素的测量量表关注体验结束时的特定点,但服务是高度即时性的,对消费者来说服务过程比结果更重要(Brown & Swartz, 1989)。每一次的服务接触都会影响消费者满意度,因此 Danaher 等(1994)提出了净服务质量模型(Net Service Quality Model)。该模型以 Hartman(1976)价值论模型为基础,认为消费者满意度是无数服务接触中体验的累积。这个模型的焦点在于关注消费者在体验过程中的变化，更多地考虑到消费者的内在价值。Reisinger 等(2005)定义服务接触为人际交互环境中，消费者与服务提供商连续不断的几乎同时发生的接触和传递。服务接触关注在服务递送过程中与消费者的互动。Winsted(2000)把服务接触定义为消费者和服务提供商直接接触的时刻。Lovelock 等(2002)认为服务传递过程可以被视为多个服务接触的组合，服务提供商应该在每个服务接触点上小心控制，确保消费者满意。Bitran 等(2011)发展了一个六步骤框架——接近、登入、诊断、服务传递、登出和跟踪，能用来评估大部分专业服务的质量。但是对于那些不能被分解为不同服务接触点的行业，比如某些服务接触点无序排列或者同时出现，这个模型就不再适用。

有学者对净服务质量模型提出质疑，他们认为消费者不会在填写量表的时候按照服务流程来回忆自己的体验，消费者对自己体验过程的描述更偏向于一个自己编排的剧本。另一方面，不同学者对服务流程的阶段划分有很大的区别。谢彦君(2010)指出这种测量方式还是从服务供给角度出发。

（七）描述事件的测量方法：关键事件法

关键事件法(Critical Incident Technique)是请消费者描述自己接受服务的经历，并回答一些开放式问题。研究者根据这些资料，通过内容分析法找到其中关键事件，并根据其出现的频率对其进行定量化分析。旅游研究者常常使用这种方法，有助于研究者了解游客的真实感受。服务接触不是一个静态行为，而是一个动态的、持续不断的过程。这种方法中，消费者对服务的评价主要集中在服务传递过程中，而不是在整个服务过程完成以后(Danaher & Mattsson, 1994)。

以上这些方法都是从服务供给角度出发，将服务质量等同于消费者对服务质量的满意度。拆分元素的方法注重结果，拆分流程的方法注重过程，关键事件法给消费者更多的自主权，但是消费者始终是处于产品的背景中(谢彦君,2009)。所以这些方法也受到很多质疑。第一，这些方法太过关注维度和流程，很难得到消费者关于整个服务质量的信息。第二，每一项的加总不等于整体。第三，这些模型建立的基础是，消费者是理性的，完全忽略了消费者的情感因素。第四，根据认知失调理论，消费者尤其是旅游者在花费大量时间金钱和精力后，很难承认自己选择的失败(谢彦君,2009)。

（八）服务质量的质性研究方法

除了上述提到的这些方法，还有一些质性研究方法也被广为使用。英国心理学家 Stephenson 1935 年在杂志《自然》上面发文，提出了 Q 方法论，这种方法认为可以对人的主观性进行测量。不少研究用这种方法对旅游体验质量进行测量。第二种是针对女性消费者，记录她们消费体验的记忆调查法。第三种是隐喻抽取技术，Zaltman(2002)提出可以用隐喻与想象两个方法来了解消费者的潜意识。

（九）服务剧场模型

与其他方法相比，服务剧场模型相对比较新。服务被视为剧场表演中的演员、观众、布置和表现，这些对创造整个服务体验都很重要。这个模型强调在一个组织控制的环境中，这些元素进行互动。观众不再是消极的服务接受者，他们与员工积极互动，共同创造令人难忘的体验。Nye(2010)把主题乐园理解为剧场，进入一个乐园，游客就变成剧院的一部分。演员就是那些工作人员和表演者，观众就是游客，布置就是环境和主题乐园的氛围，表现就是整个乐园服务的综合评价。Grove 等(1998)把主题乐园视为一个设计好的剧场舞台，所有剧场元素都影响了游客满意度，每个元素的重要性在不同的游客组里有差异。表 2.1 总结了现有关于服务质量的不同测量方法。

表 2.1　服务质量的测量方法

角度	研究方法	具体研究结果	研究者代表
拆分元素	SERVQUAL 量表	可靠性、有形性、安全性、移情性、响应性五个维度，每个项目的感知得分减掉期望得分就得到服务质量的得分	Parasuramn(1985)
	SERVPERF 量表	用服务质量去测量消费者的感知服务质量；问项内容基本与 SERVQUAL 相似	Cronin 等(1992)
	非差异评价法	直接测量消费者感知与期望之间的差异	Brown 等(1993)
	重要性-绩效分析法	关注服务质量元素，关注元素的重要程度	Martilla 等(1997)
	Kano 二维测量方法	元素内容和重要性是相关变量，元素和满意度之间是非线性关系	Matzler 等(2004)

(续表)

角度	研究方法	具体研究结果	研究者代表
划分过程	净服务质量模型	服务过程比结果更重要,消费者的满意度是无数个服务接触中体验的累积	Danaher 等(1994)
描述事件	关键事件法	请消费者描述自己接受服务的经历,并回答一些开放式问题;研究者通过内容分析法找到其中关键事件,并根据其出现的频率对其进行定量化分析	Yung 等(2001)
质性研究	Q方法论	对人的主观性进行测量	Stephenson(1935)
	记忆调查法	针对女性消费者,记录她们消费体验的记忆调查法	
	隐喻抽取技术	用隐喻与想象两个方法来了解消费者的潜意识	Zaltman(2002)
	服务剧场模型	服务被视为剧场表演的演员、观众、布置和表现	Grove 等(1998)

三、旅游语境下的服务质量

目前学者们总结出来比较具有旅游特色的服务质量因子包括 Trauer 等(2005)提出的游客互动因子、Machleit 等(2000)提出的游客感知拥挤因子、Weiermair 等(1999)提出的自由选择度因子等。贾跃千(2009)根据 Kano(1984)模型把旅游景区服务质量分为四类。第一类期望因素包括服务的可靠性、景区形象和与员工互动的社会因素。第二类魅力因素包括员工服务、服务设施和服务的及时保证。第三类矛盾因素是景区特色项目。第四类是必备因素,包括景区的地理便利和整体氛围。胡抚生(2009)基于满意度的双因素理论,指出旅游交通的便利性是保健因素,旅游目的地整体氛围是激励因素。

贾跃千(2009)提出了服务质量—消费者行为意向—消费者忠诚度—公司财务绩效这样一个层次链。他认为服务质量对企业的影响有宏观和微观两个层面。宏观影响主要表现在财务绩效方面,包括提高收入、增加市场份额等

(Zeithaml et al.，1996)。微观作用集中讨论服务质量与消费者忠诚的关系，这个关系暗含了两个假设。第一，服务质量导致消费者行为；第二，消费者行为忠诚引致公司财务绩效变化(贾跃千，2009)。但服务质量只是影响消费者忠诚的一个因素，并不是解释忠诚度的充分条件。正如前文提到的，消费者有一个心理容忍区。在容忍区里，服务质量对消费者忠诚度的影响不大。服务质量对消费者忠诚度的影响，很大程度上取决于产品或服务本身属性。不同行业、不同文化背景、消费者个体特征都会影响服务质量与消费者忠诚度的关系(贾跃千，2009)。

四、主题乐园的服务质量

林晏州(1984)把乐园服务质量定义为游客在乐园游玩中得到的生理和心理上的满足程度。张启良(1988)将乐园服务质量定义为游乐园作为一个提供游乐体验的环境，满足游客期望的程度。林苑地(2004)把乐园服务质量定义为游客在游玩中获得的心理满足程度，包括游玩前的期望环境、游乐体验、欢愉场景、安全保障以及排除游玩阻碍。游前期望环境是游客在进入乐园前期望去探索的乐园氛围。游乐体验是游客在乐园游玩中获得的生理和心理体验。欢愉场景是游客感到欢乐后表现出的外在反应。安全保障是保证游客对乐园的安全有信心。排除游玩障碍是乐园保障各种设施可靠运行。

徐同剑(1996)通过对乐园服务质量的实证研究发现，游客最关注主题乐园服务质量的三个元素，包括游乐设备、乐园的安全措施和工作人员对游客的关怀。Hamilton 等(1991)以 SERVQUAL 量表为研究工具，发现除了移情性以外，其他四个服务质量维度都能用来测量乐园服务质量。高仪文(1996)也用 SERVQUAL 量表探讨游客对乐园服务质量的评价。饶锦河(1991)提出三大元素决定游乐质量：乐园环境、游乐体验和游客自身特性。O'Neil 等(2003)以澳大利亚的主题乐园为研究对象，发现游客对乐园服务质量的感知很大程度上受到以前体验的影响。本书定义主题乐园的服务质量为，主题乐园在其所能控制范围内管理好诸多服务元素，而这些服务元素就是游客在游园过程中的认知评价。

五、服务场景理论

(一)服务场景

Bitner(1992)提出服务场景(servicescape)一词来表达经过精心设计的所有服务环境元素。服务场景包含着实体和交流的舞台(Arnould et al.,1998),Berry 等(2006)指出服务场景包含了功能性、机制性和人力的线索。Dong 等(2013)指出服务场景包含实体舞台(关注功能性和机制性)和人力舞台。叶顺(2015)总结了服务场景的两个特点。第一,服务场景不只有物理元素,还有人物元素,尤其是服务人员的举止态度。第二,可以把服务质量当作一种功能性、实用性的体验。

(二)服务场景相关研究

李慢等(2013)基于对国内外文献的梳理,总结出服务场景研究的三个阶段。第一阶段主要集中在对服务场景中元素的研究,如音乐、气味、照明等。研究者们认为这些元素对消费者的感受、满意度和情绪都有影响。Lin(2004)分析了服务场景中的不同感官元素线索。视觉线索包括颜色、灯光、环境空间布置、工艺品和植物的摆放等。听觉线索包括音乐和一些其他声响,如噪声等。在服务场景中,音乐和噪声对消费者影响很大,Hul 等(1997)的研究就指出,音乐能减少消费者在排队等候时的烦躁感。音乐还能引发消费者的积极行为和情绪,而噪声会让消费者苦恼。嗅觉线索是指味道。这些线索能不同程度地刺激、影响消费者,调节消费者心情和行为。而且这些元素应该相互匹配,Morrison 等(2010)认为商店中音乐和气味的匹配程度影响消费者满意度和在商店的逗留时间。

第二阶段研究将服务场景的所有元素视为一个整体。格式塔(Gestalt)理论是由一群德国心理学家在 20 世纪初期创立的理论,他们强调元素的整体性,认为整体不等于各个元素之和(Schiffman,2001)。基于这个理论,当研究者在研究服务场景时,要把服务场景作为一个整体,而不是去研究每个单独的刺激元素(Schiffman,2001),如知觉和嗅觉等。这些学者坚持认为,如果把服务场景的元素拆分成基础元素,就丧失了对这个场景本身的感知。这种理论认为对场景的整体感知决定了对元素的感知。比如,当一个客人走进一家酒店,他对酒店大堂的感知,不止包括前台,也包括员工、其他消费者、灯光、地板、家具和摆设等。酒店可以通过播放音乐和散发美好的气味来改善客人的感知。这些元素一起作用于消费者感知。Bitner(1992)认为消费者会把服务场景视为一体，但当他们做满意度评估时，会考虑服务场景的各个方面。Lin(2004)认为消费者从服务场景中获得很多线索，这些线索组合起来形成了他们对服务场景的感知(Lin, 2004)。感知是个体对外界环境的多种因素的了解、期望、动机和基于过去经验的学习(Schiffman, 2001)。Lin(2004)强调应该重视服务场景的研究，服务场景可以是独立变量也可以是调节变量。目前大部分研究把服务场景作为独立变量(Turley & Millikan, 2000)。Lin等(2012)用颜色和音乐作为环境刺激的代表，因为很多研究表明这两个因素是服务场景中最突出的环境线索。他们把服务场景当作调节变量，比较格式塔环境和非格式塔环境下，个体情绪对行为的影响。格式塔环境是指环境布置和人们的期待要求一致。比如酒吧是吵闹活跃的，有背景音乐，布置是亮色系；酒店客房是安静而颜色温和的。如果把这两者的布置交换，就是对服务场景的环境错配。

第三阶段开始关注服务场景中的社会元素，即消费者的心理需求和社会需求。Micael等(2012)发现，消费者希望能在服务场景中找到归属感，找到能够放松和享受的"第三空间"。但现有研究对社会元素的探讨并不深入(李慢等, 2013)。

六、文献述评

本小节回顾了研究服务质量的相关文献，总结了服务质量的定义、维度和测量方法，提出了要用服务场景的概念去看待所有服务中的要素和细节。服务质量强调了产品或者服务的功能性价值。对于主题乐园行业而言，服务质量是乐园提供给每个游客的基本保障。但服务质量的测量一直以来都有争议，从游客体验角度出发对服务质量测量的研究更是少见(Ekinci & Riley, 1998)。在下个小节中，本书将从体验的角度看待主题乐园的服务质量和服务场景。

第三节 体 验 理 论

Pine Ⅱ等(1998)将体验定义为"当一个人达到情绪、体力、智力甚至精神的某一特定水平时,在意识中产生的美好感觉。"他的《体验经济时代的来临》一文发表在《哈佛商业评论》上。体验成为一种独特的经济提供物,它与普通服务经济最大的不同之处在于,消费者沉醉于整个体验过程获得满足的同时,心甘情愿地为这种感受支付额外的费用(吴文智 & 庄志民,2003)。

体验视角将消费视为精神享受,"消费者的主观状态,关注消费的象征意义、享乐反应以及美学标准"(Holbrook & Hirschman,1982)。Kim 等(2012)指出,消费者需要的不只是令人满意的购买体验。谢彦君(2005)指出,要研究在体验经济下,消费者内在需求、心理特征和独特的行为模式,确定消费者的体验目标,帮助企业了解消费者,为他们创造难以忘怀的体验,从而真正帮助企业能够长久良好地运行。众多理论研究者探索了体验的形成机制、运行规律和模式,提出了很多有意义的理论,比如 Schmitt(1999)的战略体验模块、Maya(2006)对体验曲线和动态经济的观察、Tsai(2006)的全面客户体验管理中的整合营销等(谢彦君,2005)。刘文超(2011)指出体验是未来消费的主流,将取代产品和服务。

一、体验的定义

很多学科中,体验都是一个无法忽视的基本概念(Sharpley & Stone,2011)。体验在英文中对应的词汇是 experience,这个英文词汇在不同学科中定义不尽相同(Caru & Cova,2003)。在科学领域,一般把体验定义为基于客观事实和数据的实验。在心理学领域,体验是从个人感受开始的累计体验。在社会学和哲学领域,体验是个人发展出的主观和认知行为。在人类学领域,体验是个人形成自我文化的一种途径。在管理学领域,研究者们一般在营销和消费者行为这个方向下研究体验。日常生活中也经常使用"体验"这个词语(Caru & Cova,2003),用来指个体所经历和体会的事件以及在事件中的感受(叶顺,2015)。有些人会说"生活体验",有些人会用体验去形容一场表演、一顿晚饭,有些企业甚至把体验视为企业管理的目标。体验是一个模糊的概念,具有丰富的内涵。Caru 等(2003)就指出,体验并没有明确的定义,并且缺乏缜密的可以使用共同术语与理论的框架。Caru 等(2003)甚至认为"体验"只是一个管理行业术语,谈不上是真正的学术概念。虽然定义有这种模糊性,很多学者还是将体验视为一个心理历程。营销界对体验一词的争议来自学者们的不同理解方式(贺和平等,2010)。体验是名词,也是动词。体验可以是感觉,也可以是活动本身(Rousseau et al.,2009)。不同研究者在不同场景下研究体验,也会造成对体验的不同理解(贺和平等,2010)。叶顺(2015)提出,可以从两个角度理解体验。一是体验的本质内涵,即体验到底是什么;二是怎么样才会产生体验,即体验场景。本书首先从三个角度总结研究者们对体验的定义。

(一)从经济学角度定义体验

最早提出这种视角的学者是20世纪50年代的Abbott(贺和平等,2010),他认为"体验是连接个体内心世界与外部世界经济活动的产物"。Toffler(1970)提出体验本身就是一种可以购买或交换的服务,体验不再是产品或者服务的附加值。Pine Ⅱ 等(1998)把体验定义为"独特的经济提供物",是由企业精心设计而提供给消费者的。这种角度下,体验是从服务分离出来的第四种经济物。近年来,从经济学角度定义体验的学者非常少,因为这种角度视线较为狭隘。

(二)从心理学角度定义体验

马斯洛(1968)提出的高峰体验,是人类对事物的了解和领悟达到超我高度的一种状态,是超越了感官体验的一种升华,是人类可以感受到的最高境界,瞬间离开真实世界。更有学者认为这种体验接近于被催眠(Tellegen & Atkinson,1974)。Csikzentmihalyi(1997)提出的流体验就是一种高峰体验,是当人们对事物倾情投入,完全忽视了周边环境、时间的流逝和自我。张亦梅(2004)将体验定义为消费者对于外界刺激的个体感受,是由个体对周边环境与事件的观察或参与而形成的,不同个体之间差异性大。温韬(2007)指出体验是消费者与事件的心理互动结果,是消费者对于刺激的个体感受,是消费者对事件的直接参与或者间接观察。Sundbo等(2008)把体验形容为"消费者留下有所为、有所学、有所乐的一段心灵之旅"。Lemke等(2011)把消费者体验视为"消费者的主观反应",是消费者与公司全面接触时产生的心理感受。这种定义把体验视为高度主观的,体验可以是一个过程,可能是一个结果(如回忆)(叶顺,2015)。

(三) 从管理学角度定义体验

Schmitt(1999)定义体验为消费者对企业制造的刺激的内在反应。刘建新等(2006)认为产品、服务和环境只是为满足游客体验的载体。体验注重消费前的殷殷期待、消费中的美好享受和消费后的念念不忘。他们将消费者体验定义为当消费者对一般产品或服务的消费趋于饱和,通过更个性化地参与消费,形成令人难以忘怀的理性与感性感受。朱世平(2003)认为体验是消费者与公司之间的互动,目的在于满足消费者需求。Meyer 等(2007)把体验定义为消费者通过与公司的直接和间接接触产生的个体反应。直接接触是消费者主导的,是消费者购买和消费的整个过程。间接接触是消费者通过其他渠道如社交媒体、新闻报道、朋友口碑等与服务和产品的接触。叶顺(2015)认为体验来自个体在某个事件中的卷入或者暴露,是人与人之间、人和环境之间的互动结果。表 2.2 汇总了不同角度下体验的定义。

表 2.2 不同角度下体验的定义

角度	代表学者	定义	定义的特点
经济学	Abbott(贺和平等,2010)	体验是连接个体内心世界与外部世界经济活动的产物	较为狭义,使用的学者很少
	Toffler(1970)	体验本身就是一种可以购买或交换的服务	
	Pine II(2002)	把体验定义为"独特的经济提供物"	
心理学	Maslow(1968)	高峰体验是人类对事物的了解和领悟达到超我高度的一种状态	体验是高度主观的,每个人的体验不一致,体验是过程也是结果,体验是心理活动
	Csikzentmihalyi(1997)	流体验是人们对事物倾情投入,完全忽视了周边环境、时间的流逝和自我	
	张亦梅(2004)	体验是消费者对于外界刺激的个体感受,是由个体对周边环境与事件的观察或参与而形成的	
	Sundbo 等(2008)	给消费者留下有所为,有所学,有所乐记忆的一段心灵之旅	
	Lemke 等(2011)	体验是消费者与公司全面接触时产生的心理感受	

(续表)

角度	代表学者	定 义	定义的特点
管理学	Schmitt(1999)	体验是消费者对企业制造的刺激的内在反应	强调体验是消费者和企业之间的互动,企业为消费者创造体验
	朱世平(2003)	体验是消费者与公司之间的互动,其目的在于满足消费者需求	
	Meyer 等(2007)	体验是消费者通过与公司的直接和间接接触中产生的个体反应	
	叶顺(2015)	体验是人与人之间、人和环境之间的互动结果	

二、服务体验

与一般产品相比,服务有生产和消费不可分离、无形性、异质性和不可存储性四个特点。无形性决定了服务不是在实际中存在的实体,服务是一种表演,消费者只能去体验(Grove & Fisk, 1992)。生产、消费不可分离性和不可存储性决定了服务生产的同时已经需要消费者参与其中。异质性表现为消费者的感受和体验是动态和不确定的(李建州 & 范秀成,2006)。

各位学者对服务体验的定义并不一致(Ostrom et al., 2010)。Gronroos(1982)首次提出服务体验这个概念,将服务体验定义为消费者对于服务接触的感知。很多学者(Bitner, 1992; Grove & Fisk, 1992)都指出服务的本质就是为消费者创造体验,消费者对服务的消费就是体验。Pine Ⅱ 等(1998)指出服务提供商可以创造改进服务的外部环境,使得消费者沉醉于精心营造的氛围中而获得美好体验。Evardsson 等(2005)视服务体验为服务过程,赋予消费者认知、情感和行为,为他们创造难忘的回忆。李建州等(2006)把服务体验等同于消费者对于服务的感受和评价。杨晓东(2007)把服务体验定义为消费者在消费服务中,对于服务是否满足自身需求的评价和心理感受。Ostrom 等(2010)把服务体验定义为从消费者的角度看待服务被制造、传递并创造价值。

对于消费者来说,一个好的服务体验应该能创造美好的回忆。Tucker

(1991)提出了影响服务体验的重要因素,包括服务传递的速度、便捷度、附加价值、技术的使用和生活方式等。Mano 等(1993)认为服务体验有两方面功能,一方面体现服务的功能性和实用性,另一方面体现服务的享乐性和美学性。Helkkula 等(2012)指出消费者体验受到过去的体验和期待体验的共同影响;对每个人来说,体验是一个推进的循环过程,并不是孤立地对每个服务接触的认知。消费者对于服务的评价建立在他们对整体服务过程的评价上,是他们得到的回忆和感受(Dong & Sui, 2013)。

三、国内外关于体验的研究

回顾国内外目前主流的体验研究,可以发现体验理论和传统营销理论在很多方面并不一致。众多学者提出了新概念和新理论,推动了学科发展,但是整个理论体系的整合非常有限。

(一)国外关于体验的研究

Toffler(1970)提出体验情景说,指出体验本身具有价值,可以用来出售,他把体验分为直接体验和间接体验。直接体验是消费者在真实环境下得到的体验,而且这些体验会给消费者的现实生活带来积极或消极的影响。间接体验是消费者在由企业创造和设计的环境下,体验惊险、刺激与新奇,这种体验与现实生活无关。主题乐园行业就属于典型的间接体验。Hirschman 等(1982)将消费分为效用型消费(utilitarian consumption)和享乐型消费(hedonic consumption)。效用型消费中,消费者是理性的,关注产品功能和特点,不带入自身情绪,这种体验是相对稳定的。享乐型消费是那些唤起情感、感知、兴趣、幻想的产品或者服务,他们触发消费者的嗅觉、听觉、味觉、知觉和视觉。享乐型消费强调的是消费者自身内部价值目标。消费者在购买效用型物品时,着重关注自己需要付出的金钱与时间成本。在消费决策过程中,消费者也有情感的投入,但并不涉及某种特定的情感。而比较而言,享乐型消费者更看中所能获得的体验情感(Hirschman & Holbrook, 1982)。Holbrook 等(1984)以游戏为研究对象,把审美、个性、意识等融入消费体验的研究。Addis 等(1999)进一步指出,消费体验是效用体验(关注客观特征)和享乐体验(关注主观感受)的综合体。

心理学提出流体验,用来描述个体感受到的最佳体验,是一种无法描述的、充满意义的心理状态(Mannel,1996)。流体验是个体因为高度投入活动中而忘我的一种境界。Csikszentmihalyi(1990)归纳了流体验的八个要素,包括清晰的目标、及时反馈、技能挑战相匹配、专心、潜在的控制、丧失自我意识、时间感和有目的的体验。流体验的最高境界是顿悟(Caru & Cova,2003)。O'Shaughnessy等(2002)强调要真正了解流体验的内涵,就得区分愉悦和享乐。他们把享乐视为最优体验,而愉悦较为普通。只有当愉悦混合激烈的那些时刻,个体感受到心理成长和成就感,愉悦才能变为享乐。

Pine Ⅱ等(1998)提出了体验双因素说,消费者的参与程度(被动参与还是主动参与)和消费者与环境的融合(消费者的注意力是被吸引了还是消费者沉浸在体验中)是体验中最重要的两个因素。他们提出 4E 体验王国,娱乐体验改变人们现有观念,教育体验教会人们重新思考和认识世界,逃遁体验提升人的品质和能力,审美体验培养人们对美的理解和欣赏。Pine Ⅱ 与 Gilmore (1999)进一步提出 3-S 模型,包含消费者满意、消费者代价与消费者惊喜。消费者满意是消费者的期望与实际感知的对比,消费者代价取决于消费者的需求与付出的代价,消费者惊喜是因为所感知的超过了所期望的。企业应该降低消费者代价,提高消费者满意,创造消费者惊喜。这两位学者系统地描述了为消费者创造体验的过程:首先,提供体验的舞台,即为消费者创造和共享体验的平台。舞台可以是实体,也可以是虚拟的,是为了让消费者融入体验。其次,为消费者设计一个体验主题,就是讲好一个故事。在体验中,服务人员要把工作当作舞台,把自己的服务当作表演。

很多有代表性的理论都强调消费者体验是处于变化中的。Schmitt(1999)提出的消费者体验矩阵,整合了神经生物学和心理学,把消费者体验分成感官上的、情感上的、认知上的、行动上的和关联上的。他提出消费者的体验路径为"意识—理解—态度—行为"。Schmitt(2003)提出,消费者体验是以过程为导向的,而满意度是以结果为导向。他认为消费者体验管理框架必须是无缝连接的过程,建立体验平台不是简单地提供产品或服务,而是用一种方式展示给消费者。因此有些学者提出,其实公司并不是在售卖体验,而是提供了环境使得消费者能够创造独一无二的体验(Caru & Cova,2003)。Caru 等(2007)在这基础上，提出连续消费体验（continuum of consuming experiences）的新概念，要求公司用一体和沉浸的眼光看待体验。Hanny等（2008）指出企业经常高估自己能为消费者创造的体验，而消费者则会低估自己可能获得的体验价值。

Anthinodors（2002）基于现象学提出了消费体验整合模型，包含消费者的个体历史、体验特征、意图和感知意义。Susanne等（2004）提出体验强度这一概念，并用体验积分卡在不同的体验项目上进行测量。体验积分卡包含五个方面：个人相关、惊喜、新颖、学习和承诺。个人相关是指个体的内在感受，在体验具体项目时，每个人的感受是不同的；新颖是去不断尝试新鲜事物。Bianchi（1998）指出每个消费者都会进行独特的探索，给自己创造欢乐和惊喜。惊喜被认为是体验创造了非同凡响的结果，给消费者远超过期望的内容；学习是体验的基本要素，消费者为了获取知识而活动；承诺提供有效的反馈。Gael（2002）的专用-基础模型，描述了物理环境对服务体验的重要性。Andrew等（2007）就指出物理环境是消费者体验的重要影响因素，有利于帮助消费者了解企业形象。专用-基础模型帮助研究者了解如何扩展服务环境的过程和范围。当消费者和服务场景发生冲突矛盾时，一方面，消费者有一些习惯反应，包括生理反应和情绪感知；另一方面，人们会对服务环境进行占用。Alan（2003）提出品牌体验三维度：独特的消费主张、不同范围的品牌体验和与品牌交往的体验。独特的消费主张是指消费者通过对产品的体验来了解和学习品牌价值。与品牌交往的体验包括消费者与员工的接触。Braun（1997）从广告学的角度对消费者体验驱动做了大量的研究，认为广告能改变消费者对体验的记忆。即使广告有不实之处，在消费者没有洞察的情况下，还是能够起到改变记忆的作用。他的研究证明体验后的广告仍是非常重要的，能重塑消费者对于体验的记忆。Zomerdijk等（2010）的研究指出服务性企业正努力改善消费者的服务体验，来增加忠诚度。

（二）国内关于体验的研究

国内关于体验的研究主要集中在过去的十多年间。刘建新等（2006）提出消费者体验形成的机理模型，他们认为体验必然取代产品、服务和环境本身，成为消费的主导。消费体验的驱动力来自内部的自我需求和外部环境的刺激,其他驱动因素包括精力、货币、体力、价值要素和体验的动态性等。消费者对于体验的满意是基于期望和感知体验的心理评价,体验是消费者的驱动力和决策依据。李建州等(2006)把服务体验划分为功能、情感和社会三个维度。功能是服务应该提供的基本需求,情感是满足消费者的心理需求,社会归属感是服务赋予的象征意义。刘凤君(2002)指出体验经济时代,企业应该改变营销策略,迎合消费者的需求和心理变化。她认为宏观环境变化,如科技迅速进步、区域经济发展、人类文明等都会导致消费者对体验的需求增加。郑浩等(2004)指出在体验经济驱使下,如何保持消费者的忠诚度是企业需要认真考虑的。温韬(2007)总结了消费者体验变化的三方面:第一,体验的一些旧要素会消失,新要素会出现。第二,消费者对体验价值要素的评价会发生改变。第三,这些要素的自身重要性也在变化。他提出了消费者体验研究的四个方向,即本土化、互联网、旅游体验和整合研究。温韬(2009)以电影业为研究对象,发现营销展示、服务质量、对于影片的预期、合理性和便利性是影响消费者体验的五个主要因素。汪秀英(2012)把体验经济与传统的工业和服务经济相比较,总结出三个特点:首先,体验经济的立足点是满足消费者的需求。其次,体验是带给消费者独一无二的美好回忆。最后,消费者不再是被动的接受者,而是与企业共同创造体验。

四、旅游体验

(一)旅游体验的内涵

谢彦君(2010)指出旅游体验研究者首先要考虑几个重要的问题。第一要考虑旅游体验的内涵。第二要区分清楚游客体验的对象到底是旅游中的要素,还是自身获得的心理和生理感受。

国外学术界从20世纪70年代开始进行旅游体验的研究,获得了丰富的研究成果(Cohen,1979;MacCannel,1976;Ryan,1997)。Boostrin(1964)提出旅游体验是流行中的消费模型,而非游客自发的预设体验。MacCannel(1976)出版了《旅游者:休闲阶层》,构建本真性的研究范式,将旅游视为舞台。这种观点引起了很多学者的关注,但也有很多质疑和批判。MacCannel(1976)强调旅游是个体为了摆脱现实生活而追求的一种真实性经历。但

Cohen(1979)把旅游体验定义为个体与自身精神世界的一种联系，认为不同的旅游者有不同的体验需求，不同的体验需求对于旅游者的意义也不同。Norton(1996)在 Johnson 的文化圈模型基础上，对东非旅游者进行实证研究，把旅游体验分为期望、体验和评价三个部分。Rayan(1998)界定旅游体验包含娱乐、学习、休闲等多重功能。Middleton(2003)提出旅游体验的 4IS 模型，包括信息、理解、链接和启发。Reisinger(2004)认为在体验中，旅游者是带着有色的文化眼镜去观察周边环境。Driver 等(1991)指出，旅游的最终产品就是旅游体验，所有旅游业经营者的首要目的就是给游客设计独特的体验。Li(2000)提出的旅游体验转换模型认为体验会影响个体与目的地之间的关系，并且对产业的未来发展发生作用。Mannell 等(1987)总结了三种挖掘旅游体验内涵的方法。第一种是定义法，这种方法强调环境因素对个体在休闲和非休闲体验中的感知影响。第二种是意识体验方法，在游客体验中，抓住他们每时每刻的情绪变化是最准确的体验测量方法。第三种是事后满意度法，这种方法关注游客满意度，满意度取决于游客的动机是否得到满足，目前大部分学者使用这种方法(Tse & Wilton，Ting，2008)。

国内最早开始旅游体验研究的学者是谢彦君。谢彦君(2005)强调"旅游体验是旅游世界的硬核"，是游客通过与外部世界的联系而改变其心理状态和结构的过程。国内目前关于旅游体验的研究主要集中在两个角度。一是基于体验的本质内涵构建游客体验的理论框架，二是探索如何设计旅游产品来满足游客的体验需求(李萍 & 许春晓，2007)。谢彦君(2005)基于哥夫曼的"拟剧论"，把产生旅游体验的空间看作一个舞台剧场，舞台的演员是工作人员，旅游者就是观众。他认为在旅游世界里，旅游者的体验就是在不同的剧场舞台，观看一幕幕的演出。他把旅游体验视为在一个具体空间里气势磅礴的巨型演出，里面的每个旅游场景都充满着戏剧和表演的情节。在这个演出中，有三类表演者：旅游者、旅游目的地和组织代表。演出具体所在的舞台可以是由任何空间和时间组成的，不单是一个特定的物理或者地理空间，因为旅游服务的异地性，需要一个与日常生活截然不同的物理特定空间，也是游客的心理感知空间。旅游表演有三个构成要素，包括空间、时间和角色。而表演的道具是多种多样的，有不同的功能。在服务业，服务人员就是在表演。著名的表演理论专家斯切齐纳在1988年把表演定义为一个人向另一个人或一群人展示的行为。他认为表演中有四个核心概念：舞台、剧院、剧作和剧本（刘文超，2011）。

谢彦君（2009）认为旅游体验是游客在不同于日常生活的新奇世界里，与外部环境进行短暂沟通与联结而获得的心理感受。这是旅游主体与客体之间互动的结果，可以通过交流、消费、游戏等环节实现，最终目的是追求内心的愉悦。龙江智（2005）认为，旅游的本质，是每个旅游者以所处的旅游场为剧场，而旅游体验的根本目的在于满足心理欲望，找到心理平衡。邓天白（2013）在节庆活动的语境下提出了旅游体验的四个要素：物理环境、情绪、满意感和依恋感。

武虹剑等（2009）指出旅游体验的本质是互动，是旅游者与旅游场景、旅游活动、场景中其他人的互动。他们提出了旅游体验的六种途径：审美、认知、模仿、交往、游戏和娱乐。审美贯穿整个旅游活动过程，把生活升华为艺术。认知是对于外界的认识和了解。交往是旅游者与外部环境和人员的交往。其中有两个重要的影响要素：拥挤和情绪感染。拥挤是旅游者对周边人数的感知程度，会带给旅游者消极情绪。关于情绪感染，本书稍后会进一步阐述。周晓虹（2005）将模仿定义为"针对某种刺激有意或无意的应对方式"。旅游语境下，有两种模仿的途径（武虹剑 & 龙江智，2009）。一种是角色扮演，主题乐园中很多小朋友都喜欢穿上公主、海盗的服装，把自己假想为童话世界的一部分。还有一种就是从众行为，即个人受到压力，放弃自己的想法和行为模式，跟随大多数人。在旅游中，出现从众行为的重要原因是为了适应环境。比如，一群旅游者徒步登山，那么所有旅游者为了安全会集体行动。游戏是超越日常生活的一种延伸。可以把旅游视为一场大型游戏活动，目的在于经历与日常生活截然不同的活动。Urry（1990）甚至把旅游看成一种游戏玩乐。游戏中，游客把自己塑造成另外一个人。在主题乐园里，游客们抛弃理性的束缚，投入各种游戏，获得世俗的体验。但是不是所有的游戏都是旅游活动。娱乐的本质是精神的愉悦（武虹剑 & 龙江智，2009）。在充满娱乐气氛的环境下，旅游者的体验会大大提高。Cohen（1979）就指出追求娱乐体验的游客就好像在欣赏一场戏剧，与日常生活的巨大差异伴随而来的是对自我迷失的治疗。

（二）旅游体验的测量方法

谢彦君（2009）归纳了目前旅游体验测量方法的总体特点。第一，多元范式并存帮助研究者从不同角度理解旅游体验。第二，大部分方法还是从其他学科搬来的，缺乏符合旅游业语境的研究方法。第三，研究方法从间接测量进化到直接测量，从要素论进化到整体分析。从完全以认知角度研究体验，到融入消费者情感，重视消费者心理状态。第四，数据的收集更注意原始资料的真实性和丰富性，开始关注消费者内心的深度挖掘。范式没有对错之分，都是观察的方法。这些范式的共同发展才促成了旅游体验测量方法的蓬勃发展（谢彦君，2009）。没有一个范式是完美的，要重视对各种范式的研究、范式之间相互补充。

钟洁（2015）总结了科学运用实证主义范式进行旅游体验测量研究应该包含两个要素：首先，旅游体验是一种可以被测量的社会现象，其结构是可以被分解的。其次，研究者能够使用各种科学工具，包含模型和量表等，对旅游体验进行客观测量。研究者对旅游体验的测量众说纷纭，目前主流的测量方法有以下三种。

1. 侧重于旅游体验的客体

Clawson等（1969）指出，游客体验的测量不是简单地对旅游要素做评价，而是让游客在不被影响的条件下，表达自己的感受。他们提出了游憩体验五阶段模型。此后，Chubb（1981）把模型扩展为11个阶段。该模型考虑到游客在游览过程中，心理和认知状态都是处于变动中的。但这个模型过于强调经济收益，在旅游研究中的发展非常有限。

Driver等（1970）编写了游憩体验偏好REP量表，这个量表假设游憩者在休闲过程中，希望获得一些特殊的心理收益，包括惊险刺激、荒野探险、建立友谊等。REP量表是基于游客收益的测量方式，按照个体的期望项目以及各个项目的重要性建立（钟洁，2015），尝试解释游客在旅游活动中所期望获得的心理需求以及如何满足这些需求。钟洁（2015）在游憩体验偏好量表的基础上，从心理-文化（包括文化学习、社会参与、压力释放和审美愉悦）和生理-健康（身体放松）两个角度来评价旅游体验。

还有一个测量方法即IPA重要性-绩效，通过了解游客对旅游产品属性的认知和感知，计算两者的平均值。这种方法帮助企业找到需要进行产品管理改善的方向，但这种方法也有不足之处。第一，这种方法忽视个体游客的独特需求。第二，这种方法把旅游产品分割为多种要素进行分别评价，但旅游体验是不可分割的整体体验。第三，这种方法忽视了游客的情感价值，认为游客是被动的环境接受者，而不是主动去接受环境（钟洁，2015）。

此外，国内外的一些研究者把旅游体验的影响要素作为旅游体验评价指标体系。Ryan(1991)把旅游体验的影响因子分为先期因子、干涉变量、行动和结果。艾建玲等(2008)采用多层次模糊综合评价法来衡量旅游体验，把旅游体验拆分为交通、住宿、餐饮、景区、购物和导游服务，再请专家对每个项目的因子进行权重评价。张雪婷(2009)以凤凰古城为对象进行实证研究，构建了少数民族民俗旅游产品的游客体验评价模型。这些方法都做出了探索性研究，但大多只关注旅游环境中的一些要素，对于游客生理和心理变化几乎没有涉及（钟洁，2015）。

2. 侧重旅游体验的主体认知

这种方法从心理学角度，把旅游体验测量视为游客的心理利益是否得到满足。最常见的测量方式是基于期望-差异范式，把游客游前的期望与游后的实际感受相比较。这种方法笼统而模糊（钟洁，2015），受到游客情绪和主观性的影响极大。Page(1997)指出评价体验需要考虑旅游动机、期望、旅游者的行为和实际感知，是一个复杂而综合的过程。陈焕炯等(2007)构建了旅游体验的指标体系，包含游客的期望、游客的感知价值、正面和负面体验。这种测量体验质量的方法是基于四个基本要素：购买前消费者的期望、消费中的感知质量、期望与感知之间的差异和满足感。但消费者的期望是很难定义的（邓天白，2013）。

Cronin等(1992)指出影响期望的要素包括过去的经历、与其他替代品的对比、别人的推荐等。为了避免测量期望值，部分学者(Kozak, 2001)基于消费者的实际感知来测量消费者体验。Lee等(2007)关于节庆语境的研究发现，用实际感知质量就可以很好地测量消费者的行为意愿。Tian-Cole等(2002)认为测量旅游体验，即游客访问游乐设备后获得的心理结果，反映了游客从体验中获得的感知价值。这个定义指出了两个重要概念：动机和价值。他们把这种方法运用到对旅游目的地的整体体验测量中。

3. 侧重旅游体验的情感表现

这种方法测量游客是否在体验中达到情感的巅峰程度。Csikzentmihalyi

(1975)以体育运动员、艺术家、医生、音乐工作者为研究对象,建立了畅爽理论。他认为如果人们彻底投入某一项活动中,他们所有的注意力都会融入其中,屏蔽外界环境,这就是畅爽。Csikzentmihalyi 在 1988 年的研究进一步发现,只有技能-挑战相协调,游客才会有畅爽体验。谢彦君(2006)在挑战-技能模型的基础上,加入期望与感受。Vitterson 等(2000)基于认知图式理论和同化抵制理论创立了畅爽-单形理论。他们指出当实际的场景与认知图式之间发生差异,同化抵制也随之发生,游客将体验到厌恶—放松—舒适—有趣—挑战—沮丧这个过程。Jackson(1999)开发了畅爽状态量表,这是一个测试体验的通用量表,但在旅游业语境下的使用有很大的局限性。谢彦君(2006)在情感两极说的基础上,提出一元两极多因素模型,他认为任何的活动和环境中都存在两种情感:痛苦与快乐。在这个模型中,他把快乐和痛苦视为情感的两端,这两种感情包含不同的激发因素,包括"憎恶、焦虑、烦躁、悲哀"和"回归、认同、发现、闲适"。谢彦君(2006)认为这个模型可以衡量基本所有的旅游体验,是理论基础平台。尽管研究者的研究角度不同,但是这些方法原理相似,都是通过拆分要素来对旅游体验进行分解,目的在于发展出能通用的旅游体验测量量表。研究者是从客观的局外人角度去测量,量表由被试者进行主观打分。最终结果通过相应的统计软件进行计算,保证量表结果的一致性。

这些模型都体现出游客体验的动态变化和突发性,但是并没有深入挖掘游客体验的动机机制。体验不是对分割的环境属性的评价,而是游客认知和情感属性的同时作用。所以,这些模型通常用在不同语境下,并且对旅游体验的规律性研究存在较大局限性(钟洁,2015)。总体而言,关于旅游体验的测量,需要兼顾认知和情感,综合各个学科,全面挖掘旅游体验的内涵。表 2.3 对旅游体验目前的测量方法做出了总结。

表 2.3 旅游体验的测量总结

研究角度	代表作者	研究结果	主 要 观 点
旅游体验过程	Clawson 等(1969)	游憩体验五阶段模型	准备阶段、去程、现场、返程、回忆
	Driver 等(1970)	游憩体验偏好量表	身体放松、享受自然等 19 个维度

(续表)

研究角度	代表作者	研究结果	主要观点
体验影响因素	Driver等(1974)	把旅游体验的影响要素作为旅游体验评价指标体系	先期条件、整个来回目的地的过程、是否达到了目标以及获得满足感
	Ryan(1991)		先期因子、干涉变量、行动和结果
	陈美吟(1985)		个人动机、过去的游憩经历、个人背景
	White等(1994)		个体因素、人际互动因素、外在环境因素
	Jackson(1999)		畅爽状态量表
	艾建玲等(2008)		把旅游体验拆分为交通、住宿、餐饮、景区、购物和导游服务,再请专家对每个项目的因子进行权重评价
旅游体验理论模型	Vitterson等(2000)	畅爽-单形理论	游客将体验到厌恶-放松-舒适-有趣-挑战-沮丧这个过程
	谢彦君(1999)	理论模型	提出游客在体验过程中满足感获得的渠道,建立关于旅游体验质量的交互模型
	Prentice等(1998)	理论模型	等级理论、畅爽理论、有目的行为理论、局内-局外人
	谢彦君(1999)	理论模型	提出游客在体验过程中满足感获得的渠道,建立关于旅游体验测量的交互模型
	邹统钎(2003)	理论模型	建立旅游景区应遵守的原则包括真实度、差异度、挑战度与参与度
	梁彦明(2005)	PEAR矩阵法	旅游者、旅游环境、旅游活动、游客反应

(续表)

研究角度	代表作者	研究结果	主要观点
旅游体验理论模型	贾跃千(2009)	旅游景区体验(AIA)模型	第一个A代表动机,即游客在景区能否获得刺激惊奇;第二个I代表游客投入程度,即游客在景区的体验中能否沉浸其中;第三个A代表游客在景区中被唤醒的程度
	谢彦君(2006)	一元两极模型	任何旅游活动都存在两种情感:痛苦与快乐

五、消费者共创体验

传统的观点把消费者置于企业之外,视消费者为被动的购买者,是市场环节中的最后一环(刘文超,2011)。Toffler和他妻子所著的《财富的革命》(2006)一书中提出在未来经济社会发展中,生产将和消费合为一体,成为主流消费模式。他们提出了消费生产者这一名词,强调消费者对于产品或服务生产过程的重要性。越来越多学者关注消费者参与。有些消费者不甘心只当被动的观察者,想要与企业共同创造愉悦的经历。Prahalad等(2004)指出,随着科技的进步和商业环节的变化,消费者获取信息更为便捷,了解产品知识的渠道更为多样,他们可以自己学习,也可以通过其他消费了解,消费者"已经当上观众并走上了表演的舞台"。

部分学者提出消费者和生产者共同创造价值(Bendapudi & Leone,2003;王新新 & 万文海,2012)。Lovelock等(1979)把消费者视为生产要素,是服务效率提升的主要源泉。Zeithaml(1981)指出与一般产品不同,服务在传递和设计过程中,消费者就会参与其中,消费者参与对服务质量的保证有重要影响。Ennew等(1999)也指出,消费者的共同参与有助于提高消费者的满意度、忠诚度和行为意愿。Bitner(1997)指出在不同的服务语境下,消费者的参与水平差异较大。Higgins(2006)指出消费者的高度参与能够剧烈影响他们的体验感受。Green(2008)提出的叙述传输理论指出,当人们沉浸在一本书里,他们的态度和想法也跟随书本而改变。这个理论也能部分解释游客是如何看待主题乐园创造的场景的。可以把主题乐园的服务场景看成一本小说,服务场景的元素就像小说里的人物和性格,游客会尽情沉浸在其中。因此,游客在乐园游玩的过程中,他们的参与程度会影响整个游园体验。王新新等(2012)强调创造体验价值必须有消费者的共同参与。

张晓振(2011)的研究指出,影响消费者参与因素包括两大方面,组织和消费者。组织是指消费者社会化和组织支持。消费者指的是产品知识、涉入程度、内外控。很多服务场景是需要消费者与服务者共同努力完成服务的。Kelley等(1992)提出企业要把消费者社会化,这样才能有效管理消费者。公司组织对员工的支持,不仅影响员工的服务质量,也影响消费者对公司的支持信任(张晓振,2011)。而且高度社会化的消费者会在服务传递中认同企业、产生承诺、提供资源,进而更多涉入企业与服务中(Kelley et al., 1992)。消费者方面,产品知识是消费者参与服务过程中的能力(Rodie & Kleine, 2000)。内外控是个体对于行为结果的归因,如果个体认为一件事情的发生是由于自身行为产生的,即内控;如果个体认为这个事件是由外界引发的,即外控(Rodie & Kleine, 2000)。Andreasen(1993)认为可以用内外控来了解消费者参与服务的意愿程度,以及消费者是如何将结果归因的。Bendapudi等(2003)的研究指出内外控的研究框架下,个体差异性会影响个体的归因以及承担责任的意愿。如果个体认为自己无法控制事件的发生,那么他们参与服务的意愿就会降低。Krugman(1965)最早将"涉入"这个概念引入消费者行为,当消费者认为产品或服务与自身有关联性和重要性时,称为涉入。Blackwell(2001)提出高涉入的消费者会主动积极搜寻产品信息和了解购买方案,低涉入的消费者往往在购买的时候才决定。Zaichkowsky(1985)开发了个人涉入量表,衡量消费者涉入程度。Laurent等(1985)提出的消费者涉入指标,包括产品的重要度、愉悦度、象征性、误购的可能性和风险性。个人涉入量表测量消费者涉入的状态,消费者涉入指标测量消费者涉入的前因。Laurent等(1985)指出消费者的涉入水平会影响消费者的动机和购买力。

张晓振(2011)的研究发现,在主题乐园内,外控倾向高的游客在接受服务时表现消极,主动参与服务程度低。当游客感受到快乐并且感受到乐园对于自身有重要意义时,他们在乐园的游玩会更投入,主动参与到服务的传递过程中,获取更愉快的体验。张晓振(2011)进一步指出,在乐园中,消费者的社会化就是把自己当作一个兼职的工作人员,积极参与到服务过程中。当游客对于乐园较为了解,拥有丰富的产品知识时,更倾向于自己游玩乐园,较少参与乐园的服务过程。消费者参与服务完成会获得一种控制感,消费者的满意度会明显提高。

六、体验的分类

(一)体验的横向时间轴分类

消费者体验可以发生在消费的每一个阶段,可以是服务生产过程中,可以是服务提供中(Frow & Schwager,2007),也可以是服务购买前或服务完成后(Meyer & Schwager,2007;Tynan & McKechnie,2009)。O'Sullivan 等(1998)指出不能只在某个阶段考虑体验,而要在消费者与公司产生整个接触的过程中看待体验,"当体验看起来似乎结束时,它其实并没结束"。Larsen(2007)从心理学角度,提出期望、感知和记忆三个体验阶段。Lemke(2010)识别了三种体验接触:沟通接触、服务接触和使用接触。Oh(2008)指出消费者体验不仅仅只是发生在消费的那一刻,而是所有影响消费者决定和行为的要素(Arnould et al.,2002),涵盖了消费前、消费中和消费后。

Verhoef 等(2009)把体验视为消费者在后消费阶段中所有感知的总和,而这种角度也在近年来成为"新兴的营销学正统"。Mannell 等(1987)把旅游体验分为两种,一种是有意识的直接体验,即当下的体验;一种是事后的总体满意,即消费者在整个旅游活动结束后获得的总体满意度。Highmore(2002)提出即时性体验和评价性体验,即时性体验就是消费者在消费过程中每一刻感受到的体验,评价性体验即消费后消费者的评价和思考。Larsen(2007)也认为有两种体验,一种是当下发生的事件或感受带来的体验,另一种是在一定时间后累计产生的体验感受。

基于上述角度,Knutson 等(2010)将体验视为以过程为导向的全面体验,把体验过程分为前体验、当下体验和后体验。在前体验阶段,消费者形成对企业的期望,他们通过企业的营销和推广活动,了解企业。当下体验就是消费者与企业"所有实际接触"。后体验阶段其实就是消费者的评价体验,对所有的感受和接触进行总体性评价。Arnould 等（2002）把体验分为四个阶段。第一阶段发生在购买前，包括消费者寻找产品信息、计划购买和想象自己将要获得何种体验。第二阶段就是购买阶段，包括选择、付款、包装和服务时发生各种接触。第三阶段是核心消费体验，包括消费者的感觉、体会、满意度等。第四阶段是回忆阶段，比如消费者购买的纪念品或者留念的照片。

在旅游业，Clawson 的游憩模型是把体验视为一个流线性的发展过程，包括"计划、前往、在场、回程和回顾"阶段。Wijaya（2013）把旅游过程分为游客在游前的计划与期望、游玩过程和结束后的回忆。Kastenholz（2012）认为旅游体验是游前、游玩、游后的多维度多层次体验，包含了社会意义、情感意义和认知意义。叶顺（2015）把旅游体验内涵的角度分为结果观和过程观。结果观即把消费者体验看作后消费阶段，消费者对所有感知的总体评价。这个评价受到旅游过程中所有体验片段的影响，其实也是对过程观的一种反映。

（二）体验的深度分类

龙江智等（2009）指出旅游体验的深度会造成游客的感受和意识层次完全不同，带来的意义也不同。具体内容请见表2.4。Wilber（1991）的意识谱提出人类的意识是层层递进的，从物质层到生物层、心智层，最后到精神层。龙江智等（2009）提出"旅游体验本质意义是对精神世界的追求"，游客旅游的终极目的是寻找自我和精神家园。格雷本（龙江智，2009）把旅游类比为一种宗教仪式，有神圣的含义。谢彦君（2005）也指出，旅游体验的本质是"精神追求"。龙江智等（2009）把旅游体验划分为五个层次。第一层次是感官体验，即旅游者的五官与外界的接触。比如，游客在森林里呼吸新鲜空气，听到小鸟的叫声。这是旅游体验中最普遍的形式，也是旅游体验的基础。第二层次是认识体验，即旅游者把感受到的信息和知识，通过大脑加工、转换为认知活动。比如，游客到西安旅游，是希望能够了解中国五千年的历史文化。所以，好的旅游产品要有丰富的知识性，能够激发旅游者的兴趣和思考。第三层次是情感层次，是旅游者与旅游对象之间的情感互动。这里的情感内涵比情绪更大，包含了旅游者内心世界的感受和领悟。不是被某个刺激物激起的一时情绪，是旅游者产生认知后，全身心投入旅游活动中的一种状态。第四层次是回归体验，是旅游者的"归属感和认同感"，属于灵魂意识流。比如，藏民朝圣转山就属于回归体验,因为这是他们的精神指引。最高层级是灵性体验,是超越了自我、时间、空间的一种巅峰体验,也就是学者们提到的超级体验、高峰体验。

表 2.4 旅游体验与对应动机

体验层次	体验重点	旅游动机
感官体验	旅游产品的功能和外观	健康
认知体验	对旅游产品的认知和理解	求新求异
情感体验	对旅游产品的情感和共鸣	怀旧、人际动机、人生经历
回归体验	旅游产品的象征意义	梦想、生活方式
灵性体验	终极旅游目的	审美

(三) 认知体验与情感体验

叶顺(2015)基于 Maslow 的需求理论层次,将体验分为认知体验和情感体验。表 2.5 总结了两者的区别。认知体验假设消费者是理性的,是对产品和服务质量进行评估后形成的满意度(Bourgeon & Filser, 1995)。代表学者是 Schmitt(1999),他提出"传统市场营销理论",把体验视为"认知性的信息处理范式"。情感体验包含情绪体验和符号体验,消费者追求的是难忘的体验、享乐和感官享受。Holbrook 等(1982)提出"体验营销范式",强调关注体验的"享乐性、符号性、美学性"。但真正关于情感体验的研究还是少之又少(叶顺,2015)。

表 2.5 认知体验与情感体验

认知体验	情感体验		参考文献来源
	情绪体验	符号体验	
消费者追求产品和服务的效用功能,希望能解决自己的问题	产品和服务的享乐功能	"乐趣、环境、刺激、感官享受"的符号意义追求	Hirschman & Holbrook (1982)
功能性评价,主要是对产品和服务质量的评价	消费者感受到愉悦、快乐,获取美好的记忆		Bourgeon & Filser(1995)
消费者的思维流	消费者的感觉流		Carlson(1997)
传统营销范式	体验营销范式		Schmitt(1999)
认知过程	主观感受过程		Caru & Cova(2003)

(续表)

认知体验	情感体验		参考文献来源
	情绪体验	符号体验	
	享乐、成就、社会互动	范符号意义，共同价值文化观	Morgan(2006)
现代思潮	后现代思潮，企业不仅是科学和技术的产物，更关注社会和文化建构		叶顺(2015)

（四）普通体验与超凡体验

Walls 等(2011)提出另一种体验分类，普通体验和超凡体验。表 2.6 总结了两者的区别。普通体验多与日常生活有关。旅游体验同时包含普通体验和超凡体验(O'Sullivan & Spangler，1998；Quan & Wang，2004)，但游客的最终目的是追求超凡体验(Caru & Cova，2003)。Arnould 等(1993)通过对漂流体验的实证研究，指出超凡体验的三个维度：与自然环境的交流、与家人朋友的共处和个人的修复和成长。他们指出超凡体验对游客意义深远，能带来更多的真实感，使得游客更自由地表达自己，即"存在的真实感"(Wang，2004)。Turner(1986)把体验分为"仅是体验"(mere experience)和"一生一次的体验"(an experience)。"仅是体验"是那些消费者被动接受的体验活动，"一生一次的体验"是那些令人终生难忘的活动。刘红阳(2012)把体验分为超凡体验和非超凡体验。他通过对户外运动场景的实证研究发现，超凡体验能够影响游客的行为意愿，而非超凡体验并没有这样的作用。在研究中，他发现技能-挑战这个潜变量和超凡体验的关系是倒 U 形曲线关系。与流体验不同的是，超凡体验不强调个体所需要付出的特别努力，而强调人际互动(贺和平等，2010)。

表 2.6 普通体验与超凡体验

普通体验	超凡体验	参考文献来源
日常生活体验	极致的、令人顿悟的、浓烈的体验	Cohen(1979)
	甚至能够改变消费者对生活意义的理解	Arnould & Price, 1993

(续表)

普通体验	超凡体验	参考文献来源
旅游接待中的普通体验包括住宿、餐饮等	沉浸体验、顿悟体验	MeCabe, 2002; Csikszentmihalyi, 1990; MacCannell, 1973; Denzin, 1992
	流体验	Csikszentmihalyi, 1990
	真实性体验	MacCannell, 1973

不是所有的体验必须都是令人难忘的。Holbrook(1997)把超凡体验追溯到欧洲18世纪的浪漫主义，在那个年代，人们追求个性自由、新鲜事物、愉悦和享乐(Campbell，1997)。由于对平凡和乏味的恐惧，人们追求刺激和超凡体验。Caru等(2003)总结，要激发消费者的五种感官感受，给予消费者惊喜，满足他们自己也没有料想到的需求。旅游业中，被讨论最多的超凡体验是流体验和真实性体验。真实性体验更为被关注，即游客对真实性的追求(MacCannell，1973)。Boyle(2003)指出，游客希望所前往的目的地是真实的、纯粹的，有更多直接的和真诚的接触。关于体验的真实性，本书随后会进一步阐释。

（五）支持性体验与极致体验

Quan和Wang两位学者在2004年提出了一种旅游体验的分类，包含支持性体验(supporting experience)和极致体验(peak experience)。极致体验是被那些旅游吸引物所激发的，与日常生活有极大的不同(Mosseberg，2007)。这种体验是旅游者的终极目标(叶顺，2015)。游客去旅游，就是为了获得与日常生活完全不同的感受(Quan & Wang，2004)。Cohen(1972)提出旅途中，游客会遇见很多熟悉的和不熟悉的事物，而游客的基本旅游动机是追求新鲜感、多样性和陌生感。支持性体验也被称为次级体验，这一部分的体验更接近日常生活，如旅途中的住宿和餐饮(叶顺，2015)。当然，某些极具特色的住宿和餐饮也可以带给游客极致体验，如一次极具异域风情、当地特色的美食大餐。关于支持性体验，大部分文献对其的主要关注点在于服务质量，Quan等(2004)指出以往的研究不是直接忽视支持性体验就是把其当作理所当然。

叶顺(2015)将这两者与马斯洛的需求理论相对应，把支持性体验更多理解为满足游客的生理和安全需求，把极致体验更多归纳为归属感和自我需求的实现。Wang(1999)把旅游需求比喻为"对现代制度下日常生活节奏的修复"。极致体验不可能脱离支撑性体验单独存在(叶顺,2015)。如果游客对支持性体验不满意,就算他们对极致体验本身非常满意,总体体验也会大打折扣(McCabe,2002)。极致体验和支持性体验要有机结合,才能带给游客最棒的感受,而这两者不是固定不变的,而是可以相互转换的(Quan & Wang,2004)。

七、文献述评

通过体验的文献梳理,不难发现理论界关于消费体验的研究发生了下面这些变化。第一,研究方法从定性方法到定量研究方法的转变。现在大部分学者都结合访谈,开展问卷调查,通过结构方程模型分析数据,使得研究结果更有说服性。第二,早期研究更多从企业的角度关注体验设计和管理,现在更多关注企业-消费者体验价值共创。第三,更多的学者开始进行体验分类研究,关注不同的体验组合带给消费者不同的满意度和影响他们的行为意愿。第四,不同行业和产品带给消费者的体验相差很大,学者们开始对特定情景下的消费体验展开深入研究。

基于此,本书对主题乐园的体验研究进行如下展望。第一,到底哪些体验要素影响游客的重游意愿。主题乐园提供的不仅是好的服务质量,更是游客的总体体验。体验是多层次和多维度的。Wilber(1991)提出的意识流谱就指出,每个人的意识都有一条发展路径,从物理到生理到心理最后到精神层次。龙江智等(2009)更是提出游客体验的层次是由基础的感官体验上升到认知体验、情感体验,再到回流体验和精神体验。但不是每个人都能达到最高层次的体验。第二,主题乐园体验属于极致体验和超凡体验,但也有一部分是支持性体验。要将乐园体验视为一种整体连续的、每时每刻的体验。Oh等(2007)认为游客在旅游过程中所经历的一切都可以是体验。游客还没有走进乐园时,他们在乐园外看到乐园的指示牌,甚至听到乐园里飘来的音乐和欢声笑语,都是体验的一部分。第三,要重视符号层面的体验,比如,体验的真实性能更好地帮助游客塑造回忆(叶顺,2015)。真实性是旅游市场提供的重要营销元素之一。重视体验价值,重视游客的精神层面和符号体验。因此,在研究主题乐园体验时,既要考虑服务质量、体验质量这种功能性体验,也要考虑符号性体验,把体验价值纳入研究。想要提高游客的重游意愿,必须坚持以体验为视角,塑造一流的体验场景,提高体验质量,提供体验价值。第四,对于主题乐园经营者而言,不只是要为游客创造满意的体验,更多的是难忘的体验。难忘的体验才会带来更多的游客忠诚度(Woodside et al.,2004)。第五,体验的测量主观性很强,取决于消费者关于消费体验的感受(Chen & Chen,2010)。

第四节 消费者满意度

在消费者行为研究领域,消费者满意度是核心目标,指导着所有的商业活动(Schiffman & Kanuk,2007)。有学者将消费者满意度提升到人生满意度(Fournier & Mick,1999),也有公司把满意度作为公司绩效的重要指标(Fornell et al.,1996)。但是关于消费者满意度的定义和测量方法,争论从未停止过(Peterson & Wilson,1992;Babin & Griffin,1998;Giese & Cote,2000)。Yi(1991)总结了满意度研究中三个关注重点:满意度的内涵、对象和消费者之间的关系。

一、满意度的定义

Oliver(1997)说过,大家都知道什么是消费者满意,但没有人能用语言明确表述满意度的定义。Griese 等(2000)总结,虽然满意度定义并不一致,但这些定义有一些共性。(1)消费者满意度是一种认知或情感的回应。满意度的情感反应在不同的场合表现出不同的强度,可以用一些形容词如喜欢、幸福、激动、满意、冷淡来形容情感强度。(2)这种回应是针对一个具体的聚焦,聚焦指的是消费者的关注点和采取的评判标准。在不同环境下,消费者的聚焦点可能不一样。(3)这种回应发生在一个特定的时间。早期研究认为消费者满意是发生在消费后的,但是后来有学者认为不能用时间框架去限制,满意度发生在任何消费者评价的时候(Giese & Cote,2000)。贾跃千(2009)总结归纳出满意度定义的三个角度,第一个角度是对产品或服务整体特征的认知,第二个角度是对产品或服务的消费判断。这两个角度下,消费者满意度的概念接近于感知价值。第三个角度是关注消费过程,评判具体的消费体验。这个角度把消费者满意作为一种情感反应,与消费者情绪难以区分。表2.7总结了不同的满意度定义。

表 2.7 消费者满意度定义

作 者	定 义	概念内涵
Howard & Sheth(1969)	消费者判断他们所得是否大于他们所付出的	认知
Hunt(1977)	由于体验带来的期望-差异下的情感评价	情感
Oliver(1980)	由于体验带来的期望-差异下的认知评价	认知
Oliver(1981)	体验前后带给消费者的惊讶情感	情感
Churchill & Surprenant(1982)	消费者对于购买前后得失对比	认知
Westbrook & Reilly(1983)	消费者对于感知价值是否符合期望的情感反应	情感
Westbrook(1987)	消费者对于产品或者服务的总体评价	认知+情感
Yi(1991)	消费体验后的评价	认知+情感
Fornell(1992)	消费者对产品或服务购买后的总体评价	认知+情感
Mano & Oliver(1993)	关注产品或服务消费后的快乐程度	情感
Oliver(1997)	消费者因为产品或服务得到满足而得到的愉悦	情感
Bigne(2005)	由认知评价产生的情感状态	认知+情感

满意度定义和内涵的不确定性包含着几个争议。首先,满意度到底是个认知概念还是个情感概念。早期关于满意度的研究建立在消费者期望的基础上,是将其认同为一个认知概念。随着消费者情绪研究的发展,越来越多的学者意识到满意度有情感元素(Oliver,1997;Wirtz et al.,2000;Bigne et al.,2005)。目前,更多的学者坚持消费者满意度应该同时包含认知和情感元素(Lijander & Strandvik,1997;Oliver,1996;Orsingher & Marzocchi,2003;

Otto & Ritchie,1996),有一些学者甚至认为消费者满意是一种情绪(Kotler 1994;Giese & Cote,2000)。但这产生了另一个问题,如果消费者满意是一种情感反应,那么满意度和消费者情绪的区别在哪里?关于这个争议,本书将在消费者情绪的文献梳理中进一步解释。第二个争议是,消费者满意到底是过程性的(过程中的心理评价)还是结果性的(心理过程的最后结果)(Yi,1991)。早期学者 Oliver(1981)和 Fornell(1992)倾向于过程性定义,但过程性定义把"满意度的前因后果与满意度自身纠结在一起"(贾跃千,2009)。目前的研究一般都采用结果性定义(Giese & Cote,2000)。第三个争议是,消费者满意度到底是长期的态度,还是只是由于具体的消费场景而导致的特定满意度。虽然满意度这个概念在某些方面类似于态度,但是它和态度是不一样的概念,态度更代表对某一类购买产品或服务的普遍评价(Oliver,1981)。Giese 等(2000)认为在消费过程中,消费者的评判随时可能发生,与具体消费场景有关。Cote 等(1989)也曾指出,满意度会随着时间而变化。对此,Griese 等(2000)认为学者们应该针对自己的研究方向,提出符合研究结果、能体现出这个研究特定意义的满意度定义。

二、满意度的研究范式

贾跃千(2009)指出,满意度定义和内涵的分歧本质是研究范式的不同。满意度的研究范式主要有两种,期望-差异模型和非期望-差异模型。

期望-差异模型自 20 世纪 60 年代以来是满意度研究领域的主要成果,它的理论基础是 Festinger(1957)的认知失调理论、Oliver(1981)的适应性水平理论和 Cambell 等(1957)的同化-对照效应理论。这个模型把满意度看作一个期望与结果比较的过程(Millan & Esteban,2004)。如果消费者的实际感知高于消费前期望,消费者感到满意;反之,如果消费者的实际感知低于消费前期望,消费者感到不满意。这种比较引申出三个问题。第一,消费者的期望如何衡量。贾跃千(2009)基于文献中的期望定义进行统计,总结出 14 种期望定义的分类。Ekinci(2002)指出,期望的定义模糊不清,使得难以比较期望与消费者的实际感知。第二,根据同化-对照效应理论,在同化和对照两种效应下,期望对满意度的影响是完全不同的。第三,有学者(Anderson & Sullivan,

1993)指出期望是动态变化的,消费者在消费过程中会随时调整自己期望,甚至有些期望是在消费过程中才形成的(Buttle,1996)。Fournier 等(1999)认为消费者可能在事前并没有形成确定的期望,但这并不影响消费者在过程中形成期望。非期望-差异模型的研究并不多,这种范式更多将满意度视为一种正态的消费情感(贾跃千,2009)。

三、满意度的维度和测量方法

Yi(1991)强调开发满意度量表是紧迫的工作,而 Fornell 在 1992 年就指出,满意度测量并没有公式可以参考。多位学者(Peterson & Wilson,1992;Babin & Griffin,1998)也都提到测量满意度有很多困难,选择不合适的研究方法会造成测量误差。

最早对消费者满意度的维度划分理论基础来自 Herzberg 的双因素理论(贾跃千,2009),将满意度分为满意与不满意两个独立维度。Swan 等(1976)学者都采取了这种分类。而 Oliver(1980)、Tse 等(1988)认为从满意到不满意是一个连续变化的单维度的两个极端。目前大部分学者假定满意度是一个单维度概念的两个极端。Danaher 等(1996)提出三种满意度测量量表:产品实际表现、产品实际表现与期望差异、产品实际表现令人满意的程度。研究发现,第三种量表的可信性最高,而且可以减少满意度结构的负偏。因为一般满意度的测量量表都是负偏的(Peterson & Wilson,1992),对于数据分析带来困难。

四、旅游业语境下的游客满意度

Beard 等(1980)把休闲语境下的满意度定义为个体在参与休闲活动后,获取的积极的感受或感知。关于旅游业的满意度测评体系,我国学者的研究路径基本相同,但是采取了不同的评价要素,所以得到的模型并没有可比性(钟洁,2015)。Yukesel 等(2002)指出游客满意度评价指标体系主要建立于游客的各种需求和景区的活动内容。董观志等(2005)提出的评价要素包括游客的背景(职业、教育、经济水平、以往经历等)、景区要素(包括景区产品、服务、营销等)和游客的动态感知要素。涟漪等(2004)在 Fornell(1992)模型的基础上,提出了六个旅游业满意度指标,包括期望、感知、感知价值、满意度、抱怨和忠诚。

五、满意度和感知价值

在营销界,有很多相近的概念,对这些相近概念的分析和区别研究成为新的研究热潮(Eggert & Ulaga,2002)。关于满意度,有一个与其非常近似的词汇就是消费者感知价值。消费者感知价值并不是一个新的营销词汇,早在1994年,Holbrook就强调消费者价值是一切营销活动的主要目标。Zeithaml(1988)把感知价值视为消费者行为意愿的重要决定要素,把感知价值定义为消费者把自己付出的和得到的进行比较。这种定义还是停留在了产品层面。现在更多的学者提出要把感知价值视为体验结束后,对整个消费过程的判断(Oh,2008)。消费者感知体验是个复杂的整体,他们很难区别一个具体体验要素与另一个具体体验要素。

消费者通过感知,对产品或者服务有初步的了解,虽然这种感觉是表面而孤立的认知,作为对产品或服务的全面评判是不可靠的。但是消费者的这种感知,是他产生认知过程的起点,通过感觉,消费者可以进一步形成更直接的心理活动,来获取对产品或服务的全面了解(张戈零,2005)。消费者有两种感受性——绝对感受性和相对感受性。绝对感受性是消费者能感觉到的最低阈值,因为不是所有的刺激都能引起消费者的感觉。Price等(2005)认为消费者对服务的感知、对满意度的影响,是通过对服务感知而产生的情绪作为中介变量产生的。

很多学者都指出消费者满意度和消费者感知价值是两个紧密相关但相互独立的概念。但是它们之间是什么关系,到底哪个能更好地预测消费者行为,是很值得研究的课题(Eggert & Ulaga,2002)。Eggert等(2002)总结了关于消费者感知价值的三个特点。首先,消费者感知价值包含众多元素。一般都把消费者价值定位为消费者感知获得减去消费者感知付出的差异收益。其次,消费者感知价值具有很高的主观性。不同消费者对同样的价值感知程度并不一样(Petrick et al.,2004)。最后,提升消费者感知价值对很多企业来说是重要的竞争手段。Eggert等(2002)提出了两个模型。模型一假设消费者感知价值对消费者行为意向有直接影响。模型二假设消费者满意度调节了消费者感知价值和消费者行为意向之间的关系。经过实证研究发现,消费者满意度比之消费者感知价值,能更好地预测消费者行为意向。他们的研究指出,消费者满意度更多的是一个情感概念,而消费者感知价值更多的是一个认知概念。

很多学者(McDougall & Levesque, 2000; Parasuraman, 1997; Setijono & Dahlgaard 2007)的研究都指出感知价值是满意度的前置因素,也有研究指出感知价值是重复购买意愿的重要决定因素之一(Dodds et al., 1991)。Cronin 等(2000)的研究发现服务质量和感知价值是满意度的前置因素。Moreno 等(2015)的研究发现,服务质量、满意度、感知价值和行为意愿之间在情感变量的调节下相互关联。他们的研究指出行为意愿取决于消费者的感知价值和满意度,感知价值比满意度的影响更大。

六、文献述评

满意度在消费者行为领域中不是一个新鲜的概念,很多学者对其进行了深度研究,但关于满意度定义和测量方法的争议并没有停止过。本书认为,应该针对具体的研究语境和研究目的去定义和测量满意度。本书将满意度定义为游客在主题乐园游玩结束后,对整个游程的总体评价和感受。

第五节 消费者情绪

社会学家一直以来致力于人类行为的研究,但关于人类情绪的研究,直到 20 世纪 70 年代才开始(Turner & Stets, 2007)。情绪是社会的黏合剂,把人类联系在一起。Turner 等(2007)指出人类最重要的特征之一,就是建构社会结构和文化纽带时对情绪的依赖。心理学家关注情绪产生的过程;社会学家关注社会结构和文化对个体情绪的影响,情绪反映了个体与环境、事件之间的关系,这些关系对人有积极或消极的影响,使得情绪也有消极与积极之分(孟昭兰,2015)。情绪具有动机功能,它驱使人们对外界做出反应(邱扶东,

2005)。现代情绪研究起源于心理学,社会学家逐步把情绪研究拓展到新领域(Turner & Stets, 2007)。消费者行为研究者也开始重视情绪和消费行为的关系(贾跃千,2009)。

在消费者行为研究领域,情绪被看作具有特殊的链接功能,可以转化为消费者忠诚度,即情绪为企业创造了一种消费者关系价值(Watson & Spence, 2013)。消费者情绪主观性强,个体差异大,难以用一般的规律去解释和推论(李晶,2015)。早期消费者行为研究者都是采用心理学家发展的情绪理论基础和框架,这是一个良好的开端,但Richins(1997)指出心理学家发展的情绪理论并不完全适用于消费者行为领域。更多的研究者开始发展消费者情绪理论和框架,但研究成果存在很多矛盾和争议(Watson & Spence, 2013)。

很多学者对消费者情绪的产生过程有不同见解。Westbrook(1987)认为当消费者感受到产品或服务的表现良好,会产生积极情绪。Mano等(1993)认为享乐型产品评价(如这个产品有趣)带来积极情绪。Oliver(1993)认为消费者情绪是消费者对产品或服务属性满意的结果,来自期望不一致。但Phillips等(2002)通过研究认为,消费者情绪是产品表现带来的,和期望不一致无关。

一、情绪和相关词汇的区别

要了解情绪的内涵,第一个难点在于如何区分情绪、情感、情操、感情、心境等相似度较高的词汇(Turner & Stets, 2007)。在英文中,类似的词语有emotion, affect, mood, affection, attitude, sensation, sentiment, feeling等。对这些词汇进行区分不是一件容易的事情(贾跃千,2009)。不同语言之间很难对应翻译情绪相关的词汇。区分这些词汇需要考虑其产生机制(Bagozzi et al., 1999)。表2.8总结了这些词汇的区别。

表2.8 情绪及相关词汇的区别

英文词汇	中文词汇	内涵
emotion	情绪	个体的心理倾向,具有明显的行为意向
affect	情感	有感染和影响的意思,可以视为所有相关词汇的统称

(续表)

英文词汇	中文词汇	内涵
mood	心境	存在时间较短,针对具体的事物或者物体
affection	感情	持续时间长,比较稳定
attitude	态度	持续时间长,针对某一具体的事件或者物体
sensation	情操	中性词汇,需要结合具体语境
sentiment	心情	较为抽象的词汇,用来描述持续时间长的情感
feeling	感觉	中性词汇,需要结合具体语境
passion	激情	古希腊时代用来表示情绪

"情感"(affect)一词可以被视为所有情绪相关词汇的统称,有感染和影响的意思(李晶,2011),彭聃龄(2001)把"心境"(mood)描述为一种弥漫持久评价的情感状态,持续时间长,强度低,与具体场景不直接相关,不需要依赖某个体验过程,不产生明显的行为意向。"心情"(sentiment)多用来描述情绪中的思想、信念、状态这些理智的要素,偏抽象,用来描述长时间的情感(李晶,2011)。心情不一定有明确的起因,一般用强度来评价,比如"感觉较好"(Beddie et al.,2005)。"感觉"(feeling)和"情操"(sensation)是相对中性的词汇,需要结合具体语境即上下文去判断其特质(Kleinginna & Kleinginna,1981)。"感觉"(feeling)更多的是强调感受,因为它的词根是"feel"。感觉可用来反映任何的情绪成分(Beddie et al.,2005)。"感情"(affection)是一种情绪的长期积累,有社会意义,较为稳定而且具体(彭聃龄,2001)。Hogan等(1995)指出,古希腊时代开始,哲学家就用"passion"和"affection"来代表情感,"passion"现在被翻译为激情。

"情绪"与上述这些词语最重要的一个区别在于,它是由外界环境刺激而产生的,人们常会说"我感受到了……"。不同的场景引发不同的情绪,产生行为意向(Bagozzi et al.,1999)。情绪的发生一般或多或少包含了几种情绪的同时存在(如高兴、惊奇、恼怒、悲伤),有特定的评价目标(Beddie et al.,2005),持续时间较为短暂(Bagozzi et al.,1999;彭聃龄,2001)。《牛津英语大辞典》把情绪定义为"心灵、感觉或情感的骚动,是一种活跃的心理状态"。《新华词典》把情绪视为一种状态，可以是身体的，也可以是认知的。

"情绪"和"情感"是最容易产生混淆的两个词语。情绪注重情感的变化，人们的情绪是不断变化的，包括身体和心理（李晶，2011）。李晶（2011）认为情感强调身体反应，是中立的行为，与人的行为意向没有直接关系。而情绪是在理性制约下，包含认知和评价的一种态度，有倾向性，对行为有驱动力。情绪包含着情感，但不是所有的情感都是情绪，因为有些情感没有认知成分。Solomon（2004）认为情绪和情感是同等的词。Turner 等（2007）所著的 *Handbook of the Sociology of Emotions*，中文名字就被翻译为《情感社会学》。在常见的心理学教材中，"情绪"一词被广泛使用。

考虑到本书的研究背景和目的，本书同时使用"情绪"和"情感"两个词语。在指代个体消费者时，一般使用"情绪"一词。但在某些文献回顾中，特别是对心理学理论的一些梳理中，使用"情感"一词较多。

二、情绪的定义和内涵

要评估消费者的情绪，首先要了解情绪的定义和内涵（Richins，1997）。但研究者们在这一点上并没有达成共识，他们用"情绪"一词表达的是不同的含义和功能（乐国安 & 董颖红，2013）。Ittelson 等（1974）指出情绪是人体对环境的初级反应。Izard（1977）把情绪视为人格系统的一部分，包含表情、生理唤醒和个体的主观体验。Plutchik（1980）提出，情绪是对某刺激的一连串复杂反应，包括认知评估、主观经验改变、自主神经的激发和行为冲动。Ortony 等（1990）认为情绪是有效价的感情反应。效价（valence）是个心理学词汇，指的是情绪是不愉悦还是愉悦（Lrsen & Diener，1992；Russel，1980）或者是积极还是消极（Watson & Tellegan，1985）。Ortony 等（1990）把没有效价的认知（如兴趣和惊奇）、身体状态（如无精打采和昏昏欲睡）、对自我的主观评价（如自信和感到被遗弃）这些词语都移除出情绪的单词。Bagozzi 等（1999）情绪评价理论支持者对这一定义表示认同。Russell 等（1999）指出情绪是个人知觉到自己的感觉片段。孟昭兰（2005）定义情绪为"为有机体生存适应和人际交往而同认知交互作用的心理活动过程"。这些定义都提到了生理唤醒，并且认为唤醒是情绪的生理基础，情绪是"通过漫长的进化固化在人类身体系统之中的"(Turner & Stets, 2007)。陈少华(2008)认为情绪是一种心理活动,不是简单的身体变化。他认为从英语词源角度来说,emotion 是 e 和 motion 的组合,e 在拉丁文中代表向外的意思,必须有外部刺激使得个体有感知和评估才能有身体的运动。但这两种定义完全忽视了社会和文化的作用(贾跃千,2009)。Turner 等(2007)从社会学角度指出情绪体验中,社会建构、认知评价与生理共同决定情绪。在不同的文化和社会背景下,个体的情绪表达方式不同。但有些学者也指出多种情绪具有跨文化性,不是所有情绪都是社会建构的(Kemper, 1987)。

由于缺少对情绪定义的认同,有些学者试图更多理解情绪的一些特点。Plutchik(1980)回顾了关于情绪的 28 种定义,他发现这些定义基本没有相互的联系,都没有描述出情绪到底是个什么样的概念。基于此,Plutchik(1980)认为并不存在一个关于情感的清晰定义。Kleinginna 等(1981)总结归纳了 11 个定义情绪的角度。他们提出情绪应该包括生理唤醒、认知过程、主观体验,以及行为反应。张诗音(2009)认为情绪有三项特征。第一,人们可以直接感觉到自己的情绪,但是对于他人的情绪是经由推论得知。第二,有别于心情是长时间的心理状态,情绪是短暂性反应。第三,最重要的是情绪具有功能性,个体看到蛇会产生害怕情绪而逃跑。贾跃千(2009)总结了一张表格,提出情绪体验的主要构成为社会和文化建构、认知评价、外部刺激、心理过程和行为意向。

孟昭兰(2003)指出情绪具备四个功能,包括适应功能、组织功能、动机功能和信号功能。情绪是动机的重要前因,动机能够引发个体的内在动力,促使人们处于更有驱动的状态。适应功能是指情绪会让个体激发出合适的活动状态。达尔文早就提出,情绪是人类进化过程中适应外界环境的成果。人们通过调节情绪来适应复杂的社会,这是人类能够生存和发展的重要原因(张戈零,2005)。组织功能是情绪能组织其他的心理活动,对个体的意识、判断、决策和记忆等一系列的认知过程都产生影响。这种功能支配个体同环境相协调,帮助个体做出合理的行为。情绪的信号功能帮助情绪在个体间进行传递和沟通,这一功能主要通过表情来实现。

这些情绪定义中,有些认为情绪是人类进化而来的生理反应(Panksepp,

2005），有些认为情绪是社会建构和文化的成果（Turner & Stets，2007），有些强调情绪的生理机制如面部表情等（Ekman，1993），有些认为情绪需要认知才能产生（Lazarus，1982）。基于此，本书作者认为并不存在统一的消费者情绪定义，研究者可以也应该根据自己的研究语境挖掘消费者情绪内涵。情绪定义和内涵的多样性还包含了情绪研究的第一个争议——情绪与认知的关系，即先有情绪还是先有认知，情绪能否独立于认知而产生（Arnold，1960）。

三、情绪与认知

柏拉图总结过人类的思想有三个主要的功能：认知、情绪和意志力（Hirschman & Holbrook，1982）。本书梳理和总结了情绪-认知理论关系的八个发展阶段，这些阶段并不是严格按照时间轴排列的，部分在时间上是有重合的。

阶段一：情绪是理性与认知的对立面

古希腊人崇拜理性之美，在他们眼里情绪是有害的，是理性的对立面，阻碍了理性的发展。苏格拉底就是这个理论的坚定支持者，他认为情绪对于人类没有意义，把情绪排除在了心灵和认知之外（李晶，2015）。

阶段二：柏拉图和亚里士多德的灵魂观

柏拉图认为情绪与灵魂密不可分（平静，2011）。亚里士多德是柏拉图的支持者，他提出情绪是高级的认知和低级的感官组合而成的。他认为情绪是由生理变化组成的，但这些变化是由信念产生的（赵振宇，2016）。亚里士多德是第一个把情绪和认知联结起来的人。这个理论是后来的功能主义理论的奠基（聂敏里，2011）。比如，阿威森纳（李晶，2015）强调个体获得情绪的基础是对于事物的认知评价，认知不仅是情绪起因，也是必要条件。阿奎纳进一步指出，人类的情绪有个重要的功能是读取记忆（李晶，2015）。

阶段三：笛卡尔的身心二元论

文艺复兴后，笛卡尔的身心二元论开始流行（叶浩生，2011），他不考虑情绪的认知成分，而是定义情绪为人们对自己身体变化的理解，生气是因为自己的心跳加快和血压上升。他的理论支持者把情绪简化为身体反应，比如，休谟认为情绪的基本感觉就是疼痛和高兴（李晶，2015）。二元论的盛行使得人们把情绪和认知视为彼此独立。

阶段四：James-Lange 情绪外周理论(James-Lange Theory)

James 是第一个现代情绪学家(李晶,2015)。他在《心理学原理》著作中写到"情绪是对身体变化的感知"(Lazarus,1991)。James 认为当人们发现自己流泪时,才会意识到自己悲伤。当人们笑时,才会意识到自己高兴。这种理论认为每个情绪都有独特的生理反应和强度(Groves & Rebec,1976)。身体反应和肌体变化是情绪发生的起因。当个体感到愉悦,他们通往四肢的血流增加。当个体感到恐惧,他们的瞳孔会放大。如果抹杀身体感觉,情绪就不再存在。丹麦学者 Lange(Lazarus,1991)把情绪视为内脏活动的结果,人体血管的变化与情绪有密切关系。这两位学者共同发展了著名的情绪外周理论。Ekman(1993)的面部表情反馈学说是这个理论的支持者,他指出不同情绪发生时,不仅有生理变化,还有面部表情。当时德国心理学家冯特建立了科学心理学,开始用科学方法研究情绪。但由于研究条件和技术的局限,对情绪的测量以生理机能测量为主,如心跳、血压和脉搏等(李晶,2015)。这种测量将认知完全排除在情绪之外,情绪的研究变成生理学研究。

阶段五：情绪归因理论(Attribution Theory of Emotion)

关于情绪外周理论的质疑很多,其中最重要的一点是不同情绪的生理反应可能是相似的(彭聃龄,2015)。如果没有认知,只意识到自己心跳加快,个体难以推断出自己是高兴还是生气或愤怒。而情绪外周理论把情绪视为直接的感受,感受是可以没有具体对象而产生的,但情绪的产生需要有对象(Bagozzi et al.,1999)。身体感觉和个体对对象的感知相结合,才能产生情绪。

d-Singer(Dror,2017)的情绪归因理论认为情绪引起的生理唤醒是模糊的,人们对同样的生理唤醒会有不同的归因和解释,产生不同的情绪,这很大程度上取决于个体从相关情境中获得的信息。这种观点提出了情绪中两个重要因素,一是生理唤醒,个体必须体会到明显的生理唤醒,如心跳加快和出汗。二是个体需要将生理唤醒转换为认知唤醒。归因理论认为生理唤醒本身是没有意义的,是认知赋予情绪意义。孟昭兰(2005)也认为情绪的生理反应不是特定的。个体有愤怒、抑郁、悲伤和敌意等情绪时,都会产生血压升高、脉搏增快和心率增加等生理现象。Turner & Stets(2007)指出在不同社会与文化背景影响下,虽然人们的生理表现可能相同,但是对情绪的解释并不一致。

阶段六:情绪评价理论(Appraisal Theory of Emotion)

这一阶段是发生在美国认知心理学革命掀起之后,心理学家开始意识到人是活跃的个体(Arnold, 1960),人的心理过程是主动积极的。情绪评价理论遵循的公式为刺激—认知评价—情绪反应(Frijda, 1986)。情绪反应影响个体的认知过程,包括归因、判断、反事实判断等(金立印,2008)。情绪反应还有个重要特点,即帮助后续所需采取的行为进行心理准备。不同情绪带来不同的行为意向,行为差异巨大(贾跃千,2009)。与情绪外周理论相反,人们不是因为发抖而生气,而是因为生气而发抖。评价理论不是否定情绪的生理变化,但生理变化是因为先有了评价认知。个体对所处场景做出判断和评估,才能产生情绪,伴随着情绪会发生生理反应(Lyons, 1980)。Lazarus(1985)强调情绪依赖于短期或长期的评价,来自对周边环境所产生的信息的组织。Bagozzi等(1999)指出情绪是对评价的心理解读,更是对自身所处环境进行判断而产生的分析。Frijda(1986)指出情绪包含个体对环境的认知评价,由此产生的生理唤醒和行为表现。同一场景下,不同个体的评估不同,就会产生不一样的情绪。个体需要对世界有基本的信念和认识,才能对所处的具体环境有判断和评价,产生情绪。情绪的核心是行为,行为表明个体的情绪认知状态被激活(Lazarus, 1991; Bagozzi et al., 1999)。我们看到蛇会意识到危险,会害怕而选择逃跑。但是婴幼儿对蛇没有基本认知,就不会产生情绪。李晶(2015)指出评价是情绪的认知前因,只有评价才会有情绪,同时评价也是情绪的结果。

Lazarus(1991)认为情绪是个体对真实和实际状态比较后的一个评价和解释。其中有两个要点,目标相关性(goal relevance)和目标一致性(goal congruence)。目标即个体所希望完成的事件。Johnson-Laird等(1989)认为个体的评价很大程度上取决于他的目标是否完成。情绪协调了个体的认知系统和对事件的反应状态。田野等(2015)把评价分为内评价和外评价,指出人们在环境刺激中不仅受到环境的影响(外评价),还要评价自己对于刺激的反应(内评价)。情绪评价理论目前是情绪研究范畴内最重要的理论之一,这个理论很好地解释了认知评价过程与情绪的关系。他们以情绪评价理论为理论框架，构建了游客敬畏-忠诚模型，通过对峨眉山风景区游客的实证研究，发现自然和宗教环境会引发游客的敬畏情绪，这种敬畏情绪又会影响游客的满意度与忠诚度。

阶段七：情绪可以独立于认知存在

评价理论提供了情绪如何发生的一种合理解释，但它无法解释所有的情绪类型。有些评价是在无意识中进行的，这种无意识的评价说明情绪是可以独立于认知而存在的(Bagozzi et al.，1999)。Holbrook 等(1982)认为认知是情绪的一种存在证明，而不是情绪的基础。Zajonc 等(1985)提出曝光效应(mere exposure)，即熟悉定律。如果个体反复接触到同样的一个刺激，他们无须产生认知评价就会对这个刺激熟悉而产生好感。比如，有些广告反复强调品牌的名字，就是为了增加消费者对品牌的熟悉度和积极情绪。Izard(1993)认为认知评价是一种合理、安全的情绪机制理论，但是认知评价不是唯一的情绪发生过程。但一些学者提出质疑，他们认为认知包括意识和无意识。曝光效应只能证明情绪先于意识产生，但不能证明情绪先于无意识产生(贾跃千，2009)。为了应对这些质疑，Schwarz 等(1983)等提出了情绪信息等价模型(feelings as information model)，这个模型指出，情绪可以直接影响判断和认知。个体认为情绪包含了有价值的判断信息，所以个体会依赖于情绪做出一个直接的判断，而不会回忆所有积极和消极的因素而形成总体的判断。情绪使得判断变得简单，人们根据自己的情绪迅速做出评价。如果个体感受到的是积极情绪，那么他们更多地依据目前的一般知识结构来判断问题；如果个体感受到的是消极情绪，他们更关注问题的细节和外界的信息。

Oliver(1997)提出了情绪发生的二评价模型。第一阶段，在外界环境的刺激下，一些基本的情绪不需要认知就会产生。第二阶段，个体的认知功能开始工作。Oliver(1997)认为大部分消费情景中，消费者都是先经历认知再产生情绪，但是一些情况下，也有先产生情绪再产生认知再引起情绪。Faullent 等(2011)认为在某些突发的刺激下，消费者会先产生情绪再有认知评价，如在登山中害怕这种情绪。

最新的神经心理学研究也发现，情绪可以独立于认知存在。Ledoux

(2000)借助现代医学仪器证实害怕可以是一种自动的无意识的被刺激下的反应。Turner 等(2007)指出情绪是大脑皮层下组织对皮质的刺激。但不是所有的情绪都是有意识地达到神经皮质,有些情绪是无意识的。

阶段八:情绪扩展-建设理论

Fredrickson(2001)的情绪扩展-建设理论进一步拓展了情绪与认知的关系,指出积极的情绪会扩大个体认知范围,使个体更有创造力,有助于个体更好地适应社会。而消极的情绪会缩小个体的认知范围。Russell 提出积极情绪就是当个体觉得一切进展顺利的时候,他们"微笑时产生的美好感觉"(郭小艳 & 王振宏,2007)。Fredrickson(2010)将积极情绪视为一种短暂的愉悦感,是个体面对有意义的事件时产生的即时反应。Gable 等(2010)把积极情绪视为含有多种成分的意识过程,包括愉悦感、面部表情、身体姿势、认知评价、行为计划和激活状态等。积极情绪包含了快乐、兴趣、自豪、满意、感激、爱等(郭小艳 & 王振宏,2007)。快乐是当个体感受到周边一切是安全和熟悉的,或者他们认为自己的目标在顺利进行而产生的情绪。满意是当个体视情景为高度确定而安全的,自身所需要的付出是低度的,他们就会产生满意感。兴趣是个体的技能与所面对的挑战相一致时被激发的愉悦感和接近感。自豪是当自己的目标获得成功的时候得到的积极体验。

积极情绪有个著名的撤销效应(undoing effect),即平复由消极情绪带来的生理激活和认知评价(郭小艳 & 王振宏,2007)。消极情绪容易使个体作出一些特定的行为,比如,愤怒使人想要攻击、恐惧使人想要逃跑。这种由消极情绪造成的认知和行为就需要积极情绪的介入。Gable 等(2010)提出动机维度模型,这个模型把情绪与认知的研究整合在一起。当个体感受到积极情绪的时候,他们会有趋近的行为。当个体感受到消极情绪时候,他们会有回避的行为,对于恐惧,他们想要逃离威胁。

基于上文,关于情绪和认知的产生顺序可以概括为两种趋势。一种是情绪带动认知(emotions lead to cognition),即情绪不一定是通过认知评价产生的,代表阶段是一、三、四和七。另一种是认知带动情绪(cognition leads to emotions),代表阶段是二、五、六和八。请参见表 2.9。消费者行为领域的大部分学者支持后面一种理论(Bagozzi et al.,1999;Bigne et al.,2008),即将认知放在消费者情绪和消费者行为之前。但实际生活中,很容易观察到的一个现象是消费者的行为并不是深思熟虑的,而是脑袋一热,直接被情绪所驱动(左玉涵 & 谢小云,2017)。情绪是消费者行为的重要驱动动机。比如,在促销季商家经常会使用各种手段,带动女性消费者的情绪,让她们买下很多原本不需要的商品。左玉涵等(2017)指出不需要将消费者情绪整合到认知的路径中,他们的研究认为情绪可以直接作用于行为。再如,当消费者进入一个服务场景时,Pham 等(2001)认为情绪产生在评价之前,因为物理环境直接刺激了情绪的产生。但是 Lin(2004)并不同意这个观点。他认为一个服务场景里面有太多的刺激因素,当消费者进入这个场景的时候,他需要先通过认知形成一个对场景的总体认知,才会产生情绪。Levitt(1981)指出当消费者需要去评价一些无形的产品或服务时,他们的评价会一定程度依赖于整个服务组织的整体评价。本书作者认为关于消费者情绪和认知的关系,需要在不同的具体消费语境下,进行更多的实证研究来填补空白。

表 2.9 情绪与认知理论的八个发展阶段

发 展 阶 段	理论观点和内涵	研究学者代表人物
阶段一:情绪对立于理性	情绪是理性的对立面,情绪被排除在认知外	苏格拉底(公元前 469—公元前 399)
阶段二:灵魂观	情绪与灵魂紧密相关,情绪与认知相连,情绪始于生理变化,变化始于信念	柏拉图(公元前 427—公元前 347),亚里士多德(公元前 384—公元前 322)
阶段三:身心二元论	情绪是人们对自己身体变化的理解,情绪与认知是分离的	笛卡尔(1596—1650),休谟(1711—1776)
阶段四:情绪外周理论	情绪是对身体变化的感知,每个情绪都有独特的生理反应和面部表情	William James(1842—1910),Carl Lange(1834—1900),Groves & Rebec(1976),Ekman(1993)
阶段五:情绪归因理论	不同情绪的生理反应可能是相似的,不同个体对同样的生理反应解释可能是不同的,情绪需要生理唤醒和认知唤醒同时发生	Schachter & Singer(1962)

(续表)

发展阶段	理论观点和内涵	研究学者代表人物
阶段六：情绪评价理论	个体对所处场景进行评价，才能产生情绪；不是否定生理变化，但生理变化是因为先有了评价；情绪的核心是行为，不同的情绪带来不同的行为	Arnold(1960)，Lazarus(1985，1991)，Bagozzi et al.,(1999)，李晶(2015)，田野等(2015)
阶段七：情绪可以独立于认知存在	有些情绪是无意识的，某些基本情绪的产生不需要认知，某些基本情绪的产生不需要认知	Holbrook(1982)，Izard(1993)，Oliver(1997)，LeDoux(2000)，Zajonc & Markus(1985)，Faullent et al.,(2011)
阶段八：情绪扩展建设理论	积极情绪扩大个体认知范围，消极情绪减少认知范围，积极情绪有撤销效应	Fredrickson(2001)；郭小艳 & 王振宏(2007)

四、情绪对认知要素的影响

（一）唤醒（arousal）在情绪中的作用

情绪的产生到底是否需要唤醒。认知理论家们，比如情绪评价理论的支持者，认为情绪可以由认知引起，不需要唤醒。但神经学家们认为，唤醒是情绪发生的必要组成部分（LeDoux，2000）。Bagozzi等(1999)认为唤醒是情绪能够带动消费者行为的要素，在这点上情绪评价理论学者们的情绪框架是不完整的。LeDoux(2000)指出应该把情绪和认知视为独立而相互联系的共同作用的大脑系统功能，情绪学家应该重视唤醒在情绪中的作用。

（二）情绪与记忆

情绪对记忆有三种影响方式。第一种是情绪依存记忆（state-dependent learning effects），即个体的记忆与特定的情绪状态是相关联的。Bower等(1982)的研究指出，如果个体在积极的心情中学习，那么当个体在积极心情中回忆的效果要好过在消极心情中回忆，即如果个体当下的情绪与回忆中一致，个体对记忆的提取能力最佳（Bower & Cohen, 1982）。但这种理论的根据是相对模糊的（Bagozzi et al., 1999），Isen等(1987)指出如果学习内容是有语义意义的，那么个体会重新编码记忆，情绪的影响就会很小；如果学习内容并没有语义意义，那么情绪会发挥作用。第二种是回溯情绪效应（retrieval effects），情绪对信息的回溯有影响。当个体处于积极情绪状态下，他对目标的判断会以积极为主；反之当个体处于消极情绪，他对目标的判断会以消极为主（沈晖，2001）。第三种是情绪一致记忆（mood-congruent encoding effect），个体经历一种特定的情绪后，接触与此基调类似的材料时，会倾向于用同样的情绪去判断和解释。个体在进行回忆和判断时，不会提取全部的记忆信息，而是倾向于提取那些和特定情绪一致的回忆。在提取了这些一致的回忆后，就会减少其他回忆的提取，因此个体的评估判断也会与特定情绪趋于一致。个体的注意力是有限的，所以会优先感受到更有意义的事件，注意力也会进一步提高，个体会对情绪事件做出迅速评估，导致相应的趋利避害行为（Dolan，2002）。

但是研究又发现，积极情绪和消极情绪与记忆的关系并不是平等的。积极情绪对记忆的影响比消极情绪多（Bagozzi et al.，1999）。Isen（1984）给出的答案是，个体处于积极情绪时，对自身的状态比较满意，愿意进行更多的回忆。但是个体在消极情绪状态下，希望能够尽快改变自己的情绪状态，愿意花在回忆上的时间少。

（三）情绪对消费者评价的影响

已有研究发现对消费的产品、服务、人生满意度的评价，情绪都起到了重要的影响（Bagozzi et al.，1999）。Isen 等（1987）指出，消费者在积极情绪下，对自己购买的汽车和电视机的评价要高于在中性或者消极情绪下的消费者。关于这个结论，一个理论解释就是 Schwarz（1983）的情绪信息等价模型，这种模型假设个体会直接将自己的情绪视为对物体的评价，但是一旦他们意识到自己的情绪是由其他事件引发的而不是需要评价的物体，这种情绪的作用就会消失。研究发现，在天气很好的时候询问被试者对物体的评价会高于在天气很差的时候。但如果询问者有意提到天气，那么这种情绪的影响就会消失。Clore 等（1994）认为，当评价任务本身就是情感性的，或者个体缺乏足够的评价信息，或者时间紧张，那么个体就比较容易使用情绪作为评价。

Bagozzi 等（1999）用 Forgas（1995）提出的情绪渗透模型来解释上面一些

理论的矛盾之处。Forgas(1995)提出了四种情绪处理信息的方式。当个体认为所需评价的对象是熟悉的，不需要太多认知和情感要素进行系统处理，个体会使用直接处理(direct-assess processing)，一种低情绪渗透策略。当个体觉得信息的搜索和评价是被动机驱动的(motivated processing)，也会采取低情绪渗透策略。如果个体觉得评价对象是简单的、自己拥有的认知资源有限、评价要求不高，会采取开发性处理(heuristic processing)这种高情绪渗透模式。同样如果评价对象非常新颖，需要很多认知资源，那么个体会采取实质处理方法(substantive processing)，也是高情绪渗透模式。Chebat(2002)用两种理论探讨情绪与消费者评价的关系。一个是一致性假定理论(Chebat, 2002)，这个理论认为当个体在评定某个特定物理环境的时候，情绪会在评价中产生重要影响。人的情绪被视为特定物理环境线索。还有一个理论是相容性理论，假设积极情绪比对个体的评价判断有更好的预测。因为积极情绪能引发剧烈的认知活动，所以与消极情绪相比，愉悦满意的个体会更客观地描述物理环境的细节，他们的认知能力和判断能力更强(Chebat, 2002)。他还指出个体对物理环境的关注度有个临界点。

五、消费者情绪对满意度的影响

消费者行为领域的学者研究情绪的最终目的是了解消费者行为，大量学者都指出，情绪影响满意度，进而影响消费者行为，包括口碑传播和重复购买等行为(Bagozze et al., 1999)。这里就包含了第二个争论，消费者情绪和满意度之间的关系。是不是只有积极情绪能够提高消费者满意度，这两者之间的关系是否会受到其他变量的影响。本书基于大量的文献深度解读，总结并比较了研究者们的主要观点。

观点一：满意度是一种积极情绪

部分学者认为满意度本身就是一种情绪，是对产品表现和标准判断的情绪反应(Woodruff et al., 1983)。贾跃千(2009)认为传统营销理论中的消费者满意度这个概念就是体验营销理论中的消费者情绪。Oliver等(1997)提出满意度是消费情绪中的一个特例，属于次消费情绪。Babin等(1998)视满意度为一种售后消费情绪。Shaver等(1987)把满意度视为一个不同的具有多种语义内容的情绪组。Koelemeijer 等（1995）认为满意度是一种泛泛的情绪。Bagozzi 等（1999）认为这些学者将满意度等价于情绪很大的原因可能是满意度是第一个用来分析消费后行为意向而且带有情感色彩的独立概念。

观点二：情绪对满意度的影响取决于情绪效价

大部分学者还是把满意度和消费情绪视为两个独立的概念（Frijda, 1986; Smith and Ellsworth, 1985; Lazarus, 1991）。早期的学者一般都认为情绪对满意度的影响取决于情绪效价，即积极情绪提高满意度、消极情绪减少满意度。Westbrook（1987）把情绪分为正态情绪（愉悦、兴趣、惊奇）和负态情绪（生气、厌恶、蔑视），正态情绪与满意度正相关，负态情绪与满意度负相关。Oliver（1989）提出了10种情绪状态，按照对满意度的贡献程度，依次排序为接受、高兴、安慰、兴奋和愉悦；按照对不满意的贡献程度，依次为忍受、沮丧、遗憾、生气和愤怒。Madrigal（1995）通过对体育迷的满意度测量模型发现，球迷们对球队的认同感能带来快乐积极的情绪，这些情绪又提高了球迷们对球队的满意感。

观点三：消极情绪不一定会降低满意度

学术界关于消极情绪和满意度的研究不够深入（Dube & Menon, 2000）。情绪是很复杂的现象，Aurier 等（2014）提出当两个消费者都感受到沮丧，他们的满意度不一定都会下降。尤其是在连续服务交易（extended service transactions）场景下，即消费者和服务提供商会在一连串的服务场景中相互交易（Arnould & Price, 1993）。通过对医疗保健行业和航空业的研究发现（Taylor, 1994; Belanger & Duben, 1996），消费者可能在某些服务场景中体会焦虑沮丧，但他们回忆起整个服务过程时，满意度是提升的。比如，一个旅客因为飞机颠簸而非常紧张，但空乘人员友好、专业的服务态度让他感到放松和满意。

观点四：情绪归因对满意度有影响

Peeters（1971）认为当个体感到积极情绪时，更容易关注情绪中和自己有关的部分；当个体感到消极情绪时，更关注导致消极情绪的原因。Oliver（1993）指出消极情绪对满意度的影响，更多取决于引起消极情绪的原因。如果消费者把消极情绪归因于服务提供者，消极情绪会降低满意度，但如果消费者把消极情绪归因于个体或者环境，那么消极情绪与满意度的关系可能是正的（Folkes et al., 1987; Taylor, 1994; Oliver, 1993）。Allen 等（1992）的个体对非营利性组织的满意度研究发现个体的沮丧(由环境引起的消极情绪)和羞耻感(由自身引起的消极情绪)和满意度正相关。

观点五：消费过程中消费者情绪是不断调整的

观点五和观点三、四有部分类似之处。第一，消费者情绪在消费过程中是动态变化的。第二，消费者会不断进行情绪归因。Strandvik 等(1997)强调要用动态角度看待满意度和消费者情绪的关系，情绪贯穿于整个消费过程。

Dube 等(2000)认为消费者在消费中感受到的即时情绪(in-process emotion)会通过影响期望和感知服务质量而影响满意度。期望是消费者对产品表现积极和消极属性的预估(Oliver, 1980; Woodruff et al., 1983)。期望不只是存在于购买行为前。对于那些存在连续服务交易的产品，消费者不停地获取信息，调整期望值。Dube 等(2000)认为消费者某一阶段的情绪会影响他们对下一阶段服务的期望。积极情绪会更多引起积极的事件。消极的情绪对期望的影响取决于情绪的属性(Keltner et al., 1993)。消费过程的情绪也会影响消费者对接下来服务的感知质量。即使实际的服务没有发生任何改变，消费者的感知服务质量还是会改变。对于负面情绪，消费者会更多地进行分析和归因，这种归因一旦形成，个体会对接下来发生的事情用同样的归因(Keltner et al., 1993)。Dube 等(2000)的实证研究发现，当消费者在一个餐厅中感受到了糟糕的服务，他们会非常生气，而且会预期接下来的服务也很糟糕，满意度会下降。但如果消费者没有把负面情绪归因于服务提供商，那么情绪不会影响他们接下来的感知服务质量，满意度不一定会下降。

观点六：情绪与满意度的关系和具体的消费情景有关

Koelemeijer 等(1995)把消费者情绪分为被动接受(reactive)和目标导向(goal directed)。在被动接受场景中，情绪不是消费者的主要目的，只是在消费中被动感受到，比如，购物时因为环境良好而感到愉悦。这种情景下，积极情绪提高满意度，消极情绪降低满意度。在目标导向情景中，消费者追求的就是情绪本身，不一定积极情绪才会带来满意度。Faullent 等(2011)认为在有些探险型旅游中，高兴和惊险是消费者追求的核心情绪。提供登山服务的企业应该合理了解自己客人的登山水平，给予他们一定程度的惊险刺激，但不要难度太高使得游客过于害怕。这种观点强调当研究者们讨论消费者情绪和满意度之间的关系时,一定要考虑具体的消费情境和产品(Falullent et al.,2011)。

观点七:情绪与满意度的关系受到期望情绪的调节

Aurier 等(2014)把情绪分为评估情绪(evaluative emotion)和体验情绪(experiential emotion)。评估情绪是消费者在评价产品和服务时产生的情绪,如果评价情绪是负面的,那么满意度一定是下降的。而体验情绪对消费者满意度的影响方向取决于消费者的情绪期望。观点七和观点六有很多相似之处,但观点七提出了一个重要的调节因素,即期望情绪。消费者在消费前不只是对产品或服务有期望,也有情绪上的期望。Klaaren 等(2011)把期望情绪定义为"消费者对即将面对的情境预期自己可能会体验到的情绪"。情绪期望理论认为,消费者在消费前,会假想自己可能经历一些什么样的具体情绪,比如愉悦、害怕、沮丧等。消费者的体验情绪,不论正负,只要与他们的期望情绪正相关,就对满意度有提高作用。Arnould 等(1993)在皮筏艇玩家情绪与满意度调研中发现,消费者会感受到一些消极的情绪(如害怕、恐惧等),但他们会表现出高满意度,因为这些情绪正是他们所期望的。再如,观影者希望能够"体会到日常生活中体会不到的激烈情绪"(Green et al.,2004),而不是平静这种日常生活中常见的情绪,所以平静这种积极情绪与满意度也是负相关的。反之,如果消费者不期望体验到情绪,但实际中他们体验到了激烈的情绪,不论正负,都会降低满意度(Aurier & Guintcheva,2014)。

观点八:矛盾情绪对满意的影响

设想一个消费情景:消费者在餐厅里面用餐,餐厅布置环境很好,但侍应生服务糟糕;菜品很好,但酒贵而难喝。这时,消费者会同时产生愉悦和不满的情绪,研究者把这种消费者感受到的混合情绪称为矛盾情绪(ambivalence)(Olsen et al.,2005)。矛盾情绪和满意度的关系,少有学者进行深度探讨(Aurier & Guintcheva,2014)。Olsen 等(2005)的实证研究发现矛盾情绪对消费者的满意度有负面影响,但他们认为自己的研究并没有真正解释矛盾情绪与满意度之间的关系。

观点九:服务补救对情绪和满意度的调节作用

Heise 提出的情绪控制理论(Affect Control Theory)广泛运用于社会学,后来被部分学者(Chebat & Slusarczyk,2005)引入消费者行为学,这个理论指出消费者行为其实是情绪对所在环境的反应。有时消费者会因为一些环境不把自己的负面情绪表达出来。比如,在生日晚宴上,就算对服务不满意,为了不破坏生日的气氛,消费者会控制自己的情绪。但是这些消费者如果没有得到很好的服务补救,可能会选择以后不再光顾。Chebat 等(2005)针对服务补救情况下情绪对消费者感知公平和忠诚度调节作用的研究发现,比起补救服务本身,安抚消费者的情绪更为重要。情绪帮助消费者调节在进行投诉等服务抱怨的时候感受到的压力。如果消费者情绪得到很好的控制,那么就算他们进行抱怨,还是忠诚的消费者,不会离开。他们建议企业在处理消费者投诉的时候,要培训员工安抚消费者情绪的能力。

Ladhari(2007)关于消费情绪和满意度之间的总结指出,几乎所有的研究都认为情绪对满意度有影响,但关于两者关系的结论却差异很大。Faullant 等(2011)认为其中一个重要原因可能就是没有考虑到消费动机。本书认为,之所以理论界对情绪和满意度研究的差异如此之大,有 3 个原因,如表 2.10 所示。

表 2.10 情绪对满意度的影响

	情 绪 效 价	与满意度关系	研究学者代表
观点一	满意度本身就是一种情绪		Oliver 等(1997),Babin 等(1998),Woodruff 等(1983),贾跃千(2009),Shaver 等(1987)
观点二	积极情绪	正相关	Westbrook(1987),Oliver(1989),Madrigal(1995)
	消极情绪	负相关	
观点三	消极情绪	不一定负相关	Taylor(1994),Dube 等(1996),Belanger & Dube(1996)
观点四	积极情绪	正相关	Folkes 等(1987),Taylor(1994),Oliver(1993),Peeters(1971)
	由自己或环境引起的消极情绪	可能正相关	
	由服务提供商造成的消极情绪	负相关	

(续表)

	情 绪 效 价	与满意度关系	研究学者代表
观点五	情绪在消费过程中不断变化,消费者不断进行情绪归因,情绪对满意度的影响是动态变化的		Strandvik & Liljander(1997),Dube & Menon(2000)
观点六	被动接受的积极情绪	正相关	Koelemeijer 等(1995),Falullent 等(2011)
	被动接受的消极情绪	负相关	
	目标导向的积极情绪	正相关	
	目标导向的消极情绪	可能正相关	
观点七	情绪与期望情绪效价一致	正相关	Aurier & Guintcheva(2014),Klarren 等(2011),Arnould & Price(1993)
	情绪与期望情绪效价不一致	负相关	
观点八	矛盾情绪(情绪和消极情绪混合)	不一定	Aurier & Guintcheva(2014),Olsen 等(2010)
观点九	服务补救的调节作用	不一定	Chebat & Slusarczyk(2005)

首先,研究消费者情绪要结合具体语境,悲伤这个情绪在不同语境下和满意度的关系是不一致的,如观点二、三、六和八。其次,消费者对自己的情绪会进行归因,归因的结果对满意度产生重要影响,如观点四和五。最后,存在其他变量影响这两者的关系,如观点七和九。这三点是和传统情绪-满意度研究最大的不同之处。

六、情绪的分类和结构

测量消费者情绪是消费者行为研究者一直希望解决的问题,情绪测量方法多样性背后的原因是理论界对情绪结构的争议非常大(Bagozzi et al.,1999)。本书创新性地提出从横向和纵向两个角度看情绪结构,包含情绪的分类和层次。从横向看情绪分类,学界主要有两种方法——类别取向和维度取向(乐国安 & 董颖红,2013)。从纵向看情绪层次,有些学者认为情绪是同一层次的,有些学者认为情绪是有不同层次的。

(一) 横向分类：类别取向(categorical approach)

类别取向把情绪分为一些有限的、彼此独立的基本情绪(石林,2000)。这种划分方式起源于达尔文(Richins,1997)的进化论,达尔文通过对人类和灵长类动物的面部表情研究,提出情绪是动物和人共有的,是进化中保留下来的对外界的适应性反应,无须后天学习。每一个基本情绪都有自己的生理表现机制。不同学者对于基本情绪的界定有较大区别(Ortony,1990)。Kemper(1987)提出了4种基本情绪,包括高兴、恐惧、愤怒和抑郁。Ekman(1993)对面部表情开展跨文化研究,提出6种基本情绪——快乐、悲痛、愤怒、恐惧、厌恶和惊奇。他认为这些情绪在人类发展早期阶段就已经存在,可通过面部表情识别,存在于所有社会关系中。Richins(1997)指出有两位学者提出的基本情绪对消费者行为领域有重要影响(Richins,1997),即 Plutchik(1980)和 Izard(1977)。

Izard(1977)的差别情绪理论(Differential Emotions Theory,DET)提出除了 Ekman 的6种基本情绪以外,还有4种基本情绪,包括愧疚、轻蔑、羞愧和兴趣。在这10个基本情绪的基础上,还有3类情绪形式,即基本情绪的混合、情绪与认知的共同作用、情绪与驱动力的共同作用(乐国安 & 董颖红,2013)。Johnson-Laird 等(1989)提出质疑,认为轻蔑和羞愧是复合情绪。基于这些不同意见,Izard(2007)把情绪区分为基本情绪和情绪图式(Emotion Schemas),他鉴定了快乐、悲痛、愤怒、厌恶、恐惧和兴趣6个基本情绪。情绪图式包括生理表现、认知评价和行为反应等。Plutchik(1980)定义了8种基本情绪,包括害怕、愤怒、喜悦、悲伤、接受、厌恶、期待和惊奇。其中消极情绪的种类远多于积极情绪,因为人类对于消极情绪更为敏感,消极情绪能帮助个体逃离危险、提高生存率(Richins,1997)。

理论界提出的基本情绪重复度很高,但学者们的角度不同。Ekman(1993)从生理学角度定义基本情绪。另外一些学者从心理学角度指出,就理论而言,情绪的数量没有上限,基本情绪是更多复杂情绪发生的基础(Oatley,1992)。乐国安等(2013)认为这种生理学、心理学之争可能就是没有办法确定基本情绪数量的主要原因。Power(2007)通过总结归纳发现,几乎所有学者对基本情绪的定义都包含快乐、悲痛、愤怒、恐惧和厌恶这5个基本情绪。Laros

等(2005)总结过一张情绪频率表格,指出有些情绪基本出现在所有学者的研究中,比如害怕、沮丧和高兴,而且消极情绪的出现次数远大于积极情绪。

类别取向的分类方式还有一个重要特点就是认为复合情绪是基本情绪的混合,或者是基本情绪和认知的共同作用(乐国安 & 董颖红,2013)。Plutchik(1980)根据颜色存在基础色和混合色的原理,把基本情绪视为原色,而基本情绪的混合为复合情绪。比如,惊奇和悲伤组成失望,期望和高兴组成乐观。Kemper(1987)认为复合情绪受到更多社会建构和文化的影响,比如,内疚是个体在社会中产生恐惧而习得的。

(二)横向分类:维度取向(dimensional approach)

类别取向认为情绪是彼此独立的,很多学者对此提出质疑。石林(2000)指出很多情绪高度相关,如恐惧与愤怒正相关,焦虑与抑郁高度相关(Gotlib & Whiffen,1989)。更多的学者开始用维度对情绪进行划分。维度取向认为情绪是相互关联的,将情绪视为光谱,是较模糊的连续体,很难区分具体的情绪(Watson & Spence,2013)。在实际生活中,一般人们描述自己的情绪时不会只用一个词,往往使用多个词汇(乐国安 & 董颖红,2013)。

1. 维度模型一:愉悦-唤醒-支配模型(Pleasure-Arousal-Dominance,PAD)

Osgood(1966)的研究指出情绪有3个语义,即价值、活力和力量,他把它们视为个体对外界刺激分类的判断基础。基于此,Mehrabian等(1974)提出了PAD三维度模型,即愉悦度-唤醒度-支配度。愉悦度的两端是愉悦到不愉悦;唤醒度指个体的"生理活动和心理警觉的水平差异"(乐国安 & 董颖红,2013);支配度是个体对外部环境或其他人的一种控制力。这三个维度相互独立,可以同时或单独使用。

2. 维度模型二:愉悦-唤醒模型(Pleasure-Arousal,PA)

Russell(1980)认为,情绪是一个调节变量,调节环境刺激、个体的认知过程和反应行为。如果把情绪的认知成分剥离,所有的情绪都能在愉悦-唤醒这个环状模型上找到,而支配度更多地解释了认知活动。比如,恐惧这种情绪,是个体对危险的评价,剥离掉这种评价,恐惧就是高唤醒和低愉悦(乐国安 & 董颖红,2013)。因此,Russell(1980)提出了情绪的环形结构模型(circumplex model of affect)。这个模型把愉悦和唤醒作为环形模型的横竖主轴,各个情绪均匀分布于圆环上。环形结构模型假设所有情绪的神经生理机制都是相互重叠的,被环境所诱发的各种情绪皆可于环状模型图上某一点找到。愉悦-不愉悦维度,即从一个极端(如痛苦)到另一个极端(如狂喜)(乐国安 & 董颖红,2013),就是情绪的效价。唤醒是活力和能量的激活,从一个极端的放松和睡意到另一个极端的警觉和兴奋。乐国安等(2013)指出情绪其实就是不同效价和不同唤醒程度的组合,比如,高兴由高效价的愉悦和中度唤醒组成。这个模型的优点在于建构效度高(Holbrook, 1986; Wirtz & Bateson, 1999),方便研究者们使用。

愉悦-唤醒模型最初在消费者行为领域的运用,与环境心理学一样,主要测量的结果变量是被试者的接近/逃避行为(Bitner, 1992)。Wirtz 等(1999)第一次用满意度代替接近/逃避行为来研究消费者的情绪。Ang 等(1997)指出消费者在不同的服务中追求不同层次的唤醒和愉悦。比如,消费者去餐厅,他们希望获得较高的愉悦和较低的唤醒。如果消费者去游乐园,他们会希望获得较高的愉悦和较高的唤醒。Chebat 等(2003)的研究证实唤醒影响愉悦,这种影响可以是正向的,也可以是负向的,但愉悦不一定和高唤醒相关(Dube & Menon, 2000)。对于享乐性消费,一般假设唤醒对愉悦的影响是正向的(Bigne & Andreu, 2004)。

关于唤醒这个维度与满意度之间的关系,不同学者的意见并不相同。Mandler(1982)认为唤醒是个体对于突发事件的应急状态,是由期望差异引起的。按照他的理论,只要个体的期望和现状不一致,不管高低,都会引起唤醒。Mehrabian 和 Russell 两位学者在 1974 年指出消费者的信息率会影响他们的情绪唤醒维度。所谓信息率,就是指外界环境对于消费者的新奇和复杂程度。新奇程度指的是环境能否超过消费者期望,带给他们惊喜。复杂是指环境中各种元素是否会变化。Meharabian(1980)把唤醒视为愉悦维度对行为影响的加速器。Wirtz & Bateson(1991)把唤醒视为愉悦维度对满意度的加速器。Ladhari(2007)使用愉悦-唤醒维度研究消费者满意度和口碑传播,愉悦和唤醒两个维度都与消费者满意度积极相关,愉悦的影响程度更高。Mattila 等(2000)指出唤醒是愉悦的调节变量,但 Wirtz 等(2007)指出愉悦是唤醒和满意度之间的中介变量。

3. 维度模型三：积极-消极情绪模型（Positive Affect-Negative Affect，PANA）

20世纪60年代，很多研究者认为情绪是单一维度的，积极情绪和消极情绪是负相关的（乐国安 & 董颖红，2013）。Bradburn（1969）指出个体感受到强烈积极情绪的同时也可能感受到较多消极情绪，所以要将积极情绪和消极情绪视为两个相互独立的维度。Watson等（1985）两位学者提出了积极-消极情绪环状模型。积极情绪维度的两端表现为全神贯注、高度投入、精力充沛和低沉、倦怠。消极情绪维度的两端表现为沮丧悲痛和安宁平静。Watson等（1985）提出的积极情绪不只包含愉悦，还暗含唤醒（乐国安 & 董颖红，2013）。积极情绪等于愉悦加上高唤醒，消极情绪是不愉悦加上高唤醒。

Laros等（2005）总结了积极-消极情绪模型的优点。首先，模型极为简单好用。其次，消费者积极情绪和消极情绪的总和是他们态度的代表指数。缺点是关于消费者情绪更细腻的部分缺失了（Bagozzi et al.，1999），效价情绪之间的差异也变得难以辨别。而不同的情绪，虽然效价相同，引发的消费者行为并不同（Laros & Steenkamp，2005）。比如，当企业提供不恰当的产品或者服务时，有些消费者感到沮丧，有些消费者感到生气。沮丧的消费者比较消极，不会采取具体的行为，但他们不会再重复消费。生气的消费者会采取一些行动，如投诉和向他人抱怨。很多学者都指出有必要研究同样效价情绪之间的差异（Zeelenberg & Pieters，1999）。

4. 维度模型四：能量-紧张模型（Energetic Arousal-Tension Arousal，EA：TA）

Thayer（1978）提出唤醒不是一个连续体的两端，他认为存在两个相互独立的唤醒维度。一种是能量唤醒，与人的生理反应有关，表现为从充满力量活力四射到疲乏困倦。还有一种是紧张唤醒，从紧张到平静沉着。这两个维度表面上是描述唤醒的，但暗含效价，充满力量和平静沉着与积极唤醒有关，紧张疲乏与消极唤醒有关。乐国安等（2013）认为这个模型涵盖了比PANA更广泛的情绪范围。

（三）两种分类方法的优缺点

类别取向和维度取向都在情绪的研究发展史上有着重要的影响，但各自缺点也较为明显(Bagozzi et al.，1999；乐国安 & 董颖红，2013)，要合理利用。类别取向把情绪视为一个整体，不能说明不同情绪的相似和相异之处，无法区分情绪(Smith & Ellsworth, 1985)，不能对多种情绪共存的现象进行解释(乐国安 & 董颖红，2013)。维度取向是通过对不同情绪进行因子分析或多维度测量得来的(Bagozzi et al.，1999)。这种二维度和三维度模式暗含了一个假设，即情绪是两极的，如快乐-悲伤是一个维度的两端。目前被消费者行为研究者广泛使用的是上文提到的维度模型二、三、四，即环状模型。环状模型都认为可以用两个维度交互表达出复杂的情绪，但各位学者对于模型的两个维度并没有达成共识。Larsen 等(1992)指出没有办法证明一种模型优于另一种模型，他们认为根本不存在基本维度，研究者们应该根据自己的研究目的来决定情绪环状的主轴。两个情绪词汇在环形模型上越接近彼此，说明它们越相似。环形模型对于很多研究者有很高的价值，因为它简单好用，能够很快分辨出情绪是相似的还是相异的。愤怒、恐惧、悲伤和厌恶都是消极情绪，愤怒、厌恶和恐惧的唤醒度要高于悲伤。但是这种分类方式忽视了情绪的认知元素(Bagozzi et al.，1999)，不适用于面部表情(乐国安 & 董颖红，2013)。如厌恶和愤怒，在模型中都落在高唤醒低效价上，但是面部表情的区别却很大。环形模型包含了一些不属于情绪的词汇，如昏昏欲睡(sleepy, drowsy)等，但有些日常情绪词汇没有包含在内，比如爱、恨和羞耻等(Bagozzi et al.，1999)。

在消费者行为领域，到底什么时候使用基本情绪，什么时候使用情绪维度？这个争议和争议一有类似之处，即研究情绪的时候，是否需要囊括认知。Wirtz 等(1999)指出在服务业的语境下，维度模型比基本情绪更有说服力。因为在服务业的语境下，能影响情绪的因素很多，应该把认知从情绪中剥离，重点挖掘情绪的反应机制。这对于了解消费者行为有重要的作用，比如慢节奏的背景音乐会降低个体情绪的唤醒维度和增加愉悦维度。又如，当消费者感到拥挤时，他们情绪的唤醒维度会增加、愉悦维度会降低。但 Plutchik 等(1980)学者持相反意见，认为基本分类情绪包含了认知元素，对预测消费者行为更有用。如果忽视认知元素，那么就是不了解个体对情绪的回应状态。服务提供商更希望知道消费者是生气还是沮丧，而不只是他们的愉悦和唤醒状态。因此，Wirtz 等(1999)总结认为，如果研究者对环境刺激和认知对情绪的影响有兴趣,应该使用基本情绪模型。Bagozzi 等(1999)认为当消费者会产生评价的时候,使用基本情绪模型。但如果研究目的不需要考虑消费者评价,而只是测试被试者对一些环境刺激的反应时,应该使用情绪维度模型。在实验室里进行的研究也比较适合用情绪维度,因为在实验室里"被试者很难感受到纯粹的情绪(pure emotions)"(Izard,1977)。Faullent 等(2011)认为在消费者行为研究中,使用基本情绪比情绪维度更能真正了解消费者的核心需求。情绪评价理论的支持者一般使用基本情绪,而不是维度模型,因为情绪评价理论注重认知要素。Roseman(1991)基于 5 种评价要素,提出了 16 种基本情绪。他认为自豪这种情绪的产生是因为个体对自己状态达到目标的一种积极感受。生气和遗憾这两种情绪只在一个评价要素上不同(即造成事件的原因是个体自己还是他人),在其他 4 个评价要素上完全相同。情绪评价理论者之间也有争议,Roseman(1991)认为引发羞愧和内疚的评价是一致的,但是 Lewis(2008)认为这两个情绪是有区别的。

(四)纵向分类情绪的层次

从纵向看情绪的结构就是所有的情绪是否属于同一层次(Shiv & Fedorikhin,1999),还是有不同层次。大部分学者都认为情绪是属于一个层次的。但也有少数学者(Shaver et al.,1987; Storm & Storm,1987; Laros & Steenkamp,2005;贾跃千,2009)认为情绪是有阶梯层次的(hierachical)。

Shaver 等(1987)用原型理论取向(prototype approach)提出情绪分为 3 个层次。下层为积极和消极情绪;中层为基本情绪,包括爱、快乐、悲伤、愤怒和恐惧;上层是更具体的一些情绪。他们认为这种测量方式比较适用于具体情景下的情绪研究,也适用于不同的文化和社会背景。Laros 等(2005)也把情绪分为 3 个层次,第一层是 42 个具体情绪,主要来源于 Richins(1997)提出的消费者情绪量表,第二层是 4 个基本积极情绪和 4 个基本消极情绪,第三层是积极和消极情绪两个维度。他们认为这个模型能够同时体现出消费者情绪的分类和层次。石林(2000)把情绪分为两个层次。一级分类是情绪的基本维度,包括心理学家提出的五大模式,愉悦-唤醒模型和积极-消极模型;二级分类是基本情绪。这种纵向研究方式把情绪维度和基本情绪放在一起,但并没有明确维度和基本情绪之间的关系(乐国安 & 董颖红,2013)。贾跃千(2009)

把情感功能划分为微观、中观和宏观。他认为情感很多时候是独立自动发生的，与其他心理变量无关，从宏观层面影响个体的行为模式。中观是指情感作为其他心理变量的一种调节变量引起的各种差异，包括认知和行为。

七、消费者情绪的测量

谢晶等（2011）指出测量消费者的情绪状态是情绪研究领域最大的难点之一。心理学家对情绪的测量方法大概可以分为3类：以科学仪器来测量、以外显行为来测量和以自陈式情绪量表来测量。在消费者行为领域，大部分学者把情绪视为心理过程和状态，多使用自陈式情绪量表来测量（Bagozzi et al., 1999）。只有少部分学者，如 Frijda（1986）和 LeDoux（1998）把情绪视为更广义的过程，包括复杂的心理、生理和认知，这些学者更多依赖行为和仪器测试。

自陈式情绪量表，即运用各种量表，请被试者填写自己的情绪状态，进行自评的过程。研究者收集足够的量表数据，然后通过定量分析方法分析被试者的情绪状态。自陈式量表在实践中有重要的价值，简单易行，可以探索消费者情绪与其他心理活动或行为之间的关系。但也存在不足之处，自陈式量表会限制消费者想要表达其他信息的可能，也可能带来区分效度的一些问题（陈姝娟，2006）。自陈式情绪量表的有效性随着报告时间而有所不同。如果个体是基于当前的情绪状态进行报告，其有效性要高于基于对过去体验回忆的报告。本书梳理基于情绪类别取向和维度取向发展出的自陈式情绪量表，并进行总结归纳。

（一）基于维度取向开发的量表

1. 愉悦-唤醒-支配 PAD 情绪量表和愉悦-唤醒 PA 情绪量表

愉悦-唤醒-支配 PAD 情绪量表是 Mehrabian（1996）基于 PAD 模型编制的，包含3个分量表18个测量问项。每个分量表的问项，只在该维度上区别，在其他两个维度上相似。愉悦-唤醒 PA 情绪量表就是在 PAD 的量表上，去掉支配这个维度的分量表。PAD 和 PA 量表中找不到具体情绪描述词，比较适用在研究者并不知道被试者的具体情绪，但是想要测量被试者的情绪维度。很多学者都用这个量表测量消费者对一些营销刺激的情感反应（Bigne et al., 2004）。Holbrook（1986）测试了 PAD 量表的信度和效度，证明这个量表与其他情绪量表相比,有其独特的优势。比如,积极-消极情绪量表无法区分抑郁与焦虑这两种情绪,但PAD量表可以。虽然抑郁与焦虑都属于低愉悦、低支配,但是焦虑的唤醒度高于抑郁(李晓明等,2008)。Richins(1997)指出,PAD量表比很多量表能测试到更大的情绪范畴。

2. 积极消极情绪量表(The Positive and Negative Affect Scale,PANAS)

Watson等(1988)编制了积极消极情绪量表PANAS,有积极和消极情绪两个分量表,每个分量表有10个问项。PANAS量表经过多位学者的使用,具有较高的信度和效度(黄丽等,2003)。PANAS量表和PA量表最大的差异就在于是否对因子分析进行了旋转(Watson et al.,1999)。Lucas等(2004)认为PANAS量表包含了一些不属于描述情绪的词汇,如"强大"(strong)。国内外研究者对情绪描述词的认知有较大的差异(邱林等,2008),所以在中文环境中使用PANAS量表有些争议。比如,"警觉"(alert)在英文实验中只在积极情绪因子上有负载,但在中文实验中在积极和消极情绪因子上都有负载(张卫东,2004)。还有PANAS量表中的"proud"一词,中文可以翻译为自豪的或者骄傲的,这两个翻译在中文中的情感色彩完全不同。左衍涛和王登峰(1997)将其视为消极情绪翻译为"骄傲的",黄丽等(2003)和邱林等(2008)将其视为积极情绪,翻译为"自豪的"。

3. 激活-去激活量表(AD-ACL)

该量表是在Thayer(1978)的能量-紧张模型基础上建立的量表,有两个分量表测试能量唤醒和紧张唤醒。Matthews(1990)在这基础上,加入了快乐感作为第三个维度,提出UWIST心境测量表。

(二)基于类别取向开发的量表

1. 分化情绪量表(Differential Emotions Scale,DES)

DES量表由Izard(1977)创立,测试被试者的10种基本情绪。后来发展的DES-Ⅱ量表被广泛应用于消费者情绪测量中,有30个测量问项。再后来的DES-Ⅳ情绪量表比DES-Ⅱ多了两种情绪——自我敌意和羞涩,也被很多研究证实有较好的信度与效度。有些研究者对此量表提出了质疑,因为DES量表以负态情绪为主(Mano & Oliver,1993),并没有考虑到很多常见的积极情绪,如满足、兴奋等(Richins,1997)。

2. 基本情绪量表(Basic Emotion Scale，BES)

基本情绪量表由 Power 等(2007)建立，包含了五个基本情绪(快乐、悲伤、愤怒、厌恶和恐惧)。

对于将这些最初在心理学中的情绪量表应用到消费者情绪测量中，Richins(1997)总结了四个不足之处。首先，这些量表都忽略了一些日常生活的情绪，比如，没有一个量表提到爱。其次，这些量表的一些情绪用词，如忧郁的、蔑视的、局促不安的和强烈反感的，很少出现在消费情绪中。再次，部分 PAD 量表中问项的两极并不是那么清晰，会使消费者在填写问卷时产生困惑。最后，同样的情绪在不同语境中有较大差异。比如，消费者在购物中得到的惊喜感，和个体偶遇老朋友产生的惊喜感的强度是不一样的。消费过程中的情绪强度一般会低很多。

最早关于消费者情绪的测量主要集中在测量消费者对广告的情绪反应，近年来很多学者都关注广告引起的消费者情绪与消费者决策之间的关系。其中比较有代表性的广告情绪量表，一个是 Holbrook 等(1987)提出的 12 个情绪词语的量表。这个量表比较全面，有 94 个问项，后被压缩到 34 个问项，经过因子分析，与 Russel 等(1977)的 PAD 模型高度相似。但是它忽视了一些在消费情境中常用的情绪词汇(Richins，1997)，如担忧、热切、乐观等。还有一个是 Edell 和 Burke(1987)提出的量表，这个量表不测量具体情绪。他们把广告引发的情绪提炼为三个维度：积极向上(upbeat feelings)、消极情绪(negative feelings)和温暖(warm feelings)。Bagozzi 等(1999)把广告分为两类：一类是思考型(thinking ads)，主要介绍产品的功能价值和实用性；另一类是感受型(feeling ads)，主要强调使用这种产品或者服务将体验到的情绪。Batra 等(1990)发现情绪调节了消费者对广告的态度和对品牌的态度。

Richins(1997)指出，虽然广告相关的情绪和消费者情绪有着明显的相似之处，但是由广告引起的情绪和由消费引起的情绪还是有很多差别的。第一，由广告引起的情绪的强烈程度要远低于消费引起的。第二，广告能引起的情绪的范围要大于消费引起的情绪范围。比如，广告带来的情绪反应经常包括兴趣、无聊、怀疑等，但这些在消费情绪中很少出现(Richins，1997)。第三，很多关于广告的情绪研究都是在实验室里完成的,情绪问项较多,并不适合消费情境下的实地测量。基于此,Richins(1997)开发了消费者情绪量表(Consumption Emotion Scale, CES),里面包含了 16 种基本消费者情绪。Laros 等(2005)指出 CES 量表适合于不同的产品类目。但 Bagozzi 等(1999)质疑了这个量表的区别效度,指出里面的部分情绪词汇,如性感之爱(sexy love)和爱(love)太过相似。CES 量表并不是一个确定的量表工具,只是提供了消费情境中消费者可能体会到的情绪,可以视为研究消费者情绪的起点。某些情景下,有些情绪可能不会产生,可以去除(Richins, 1997)。

在国外学者的研究基础上,国内众多学者自 20 世纪 80 年代开始,编制了很多跨文化或本土的情绪量表。左衍淘和王登峰(1997)提出中国人的情绪结构是两个独立的单维度,只是一个环形的 1/4。钟杰和钱铭怡(2005)编制了中文情绪形容词表,提出了愉快、烦躁、悲伤和愤恨。黄敏儿(2001)在研究情绪调节与个体差异时,把 DES-Ⅳ 量表翻译成中文,针对不同年龄段的人进行测量,取得了较高的信度。

谢晶等(2011)总结说,有两个重要因素影响情绪测量:一个是到底用基本情绪划分还是情绪维度划分观点来看待情绪分类;另一个是不同的测量方法之间相关程度较低,得出的结论无法相互比较。他们提出,未来多元测量才是情绪测量的方向。本书认为在研究特定消费情境时,开发特殊消费情绪量表是非常重要而且有意义的。量表应该能囊括在该情境下经常发生的一些情绪,但不需要包含所有可能产生的情绪。量表的问项设计要简洁明了,方便以后在调研中使用。表 2.11 对这些情绪量表进行了总结。

表 2.11 情绪量表

	情绪量表	相关文献	量表开发基础
基于类别取向开发的情绪量表	分化情绪量表(DES)	Izard(1977)	10 种基本情绪:快乐、悲痛、愤怒、恐惧、厌恶、惊奇、愧疚、轻蔑、羞愧和兴趣
	情绪心境评定量表	Plutchik(1987)	8 种基本情绪:害怕、愤怒、喜悦、悲伤、接受、厌恶、期待和惊奇

(续表)

	情绪量表	相关文献	量表开发基础
基于类别取向开发的情绪量表	基本情绪量表(BES)	Power等(2007)	5种基本情绪：快乐、悲伤、愤怒、厌恶和恐惧
	消费情绪量表	Richins(1997)	16种基本消费情绪：爱、乐观、高兴、满足、愉悦、气愤、不满、担忧、平静、惊奇、悲痛等
	广告情绪量表	Holbrook & Batra(1987)	12种情绪对应PAD三维度
基于维度取向开发的情绪量表	PAD量表	Mehrabian & Russell(1974)	愉悦-唤醒-支配三维度模型
	PA量表	Russell(1980)	愉悦-唤醒环状模型
	PANAS量表	Watson & Tellegen(1985)	积极-消极情绪环状模型
	能量-紧张量表	Thayer(1978)	能量-紧张环状模型
	UWIST心境测量表	Matthews(1990)	能量-紧张-快乐三维度
	广告情绪量表	Edell & Burke(1987)	积极向上-消极情绪-温暖三维度模型

八、旅游语境下的消费者情绪

目前大部分学者对游客情绪的研究集中在历史遗迹(Rojas & Camarero, 2008)、影视旅游(Kim, 2012)、休闲旅游(Hosany & Gilber, 2010)、高档酒店(Walls et al., 2011)和餐厅(Han et al., 2016)。而且大部分研究硬搬照抄现有的情绪理论，如Izard(1977)的十大情感、Russell(1980)的PAD三维度和Plutchik(1980)的八大基本情感，忽视了旅游行业本身的特征。

了解情绪内涵有助于为消费者创造好的体验和提高满意度。Zins(2002)关于旅游者的情绪研究发现，游客更多表现出积极情绪，很少有消极情绪。Hosany等(2010)的研究也得出了同样的结果。这种现象的产生可能是因为旅游本身是一种享乐型的体验(Pearce, 2009; Voigt et al., 2010)。游客通过旅游,获得他们所追求的快乐和主观感受。部分学者(Li et al.,2013;Pearce,2009;Ram et al.,2013)认为享乐型体验本身就意味着情绪体验,感受到快乐。快乐(happiness)是一种主观感受,是旅游体验追求的终极目标,包含着高层次的享乐体验(Kashdan et al.,2008;Voigt et al.,2010;Filep & Deery,2010)。Pearce(2009)认为快乐是旅游体验的核心,包含了三个内涵:享乐、融入和驱动。而游客感受到的快乐体现在他们的积极情绪中,如高兴、兴趣、满意和爱(Filep & Deery,2010)。

了解游客情绪不仅有助于了解体验和满意度,对了解游客的行为也有重要意义(Pearce,2009)。Han 等(2010)指出积极的体验情绪能提高游客的心理感受、社会状态和身体健康,也能提高游客的忠诚度和对目的地的依恋。目的地依恋能够提高游客的忠诚度、满意度和承诺(Ramkissoon et al.,2013;Io,2016)。Hosany 等(2010)的研究也指出情绪在游客满意度形成中有重要作用,满意度在消费者情绪和推荐意愿中起到了调节的作用。这一研究与 del Bosque 等(2008)关于西班牙游客的实证调研结果一致。他们建议,对于旅游业的经营者而言,应该尽可能地为游客创造积极情绪,让游客获得愉悦的体验,从而提高满意度和忠诚度。

(一)游客情绪维度

旅游业语境下,有些学者提出了一些特殊的情绪维度,如地方依恋(Kyle et al.,2004;Alexandria et al.,2006)、游客求新求异(贾跃千,2009)等。研究者也可以适当考虑其他相类似行业已经建立的情绪维度,这些维度都对本书扩展主题乐园体验和情绪的研究框架很有启发。Holbrook(1984)通过对游戏的研究,提出了两个维度——胜任感和复杂感知。Hirschman(1983)提出一个针对艺术作品的维度——产品唯一性。Voigt 等(2010)提出了游客情绪的两个维度,享乐(快乐)和教育(包含个人成长和生活的意义)。他们的研究发现有些休闲活动,如水疗按摩,完全只是享乐体验而已,但有些休闲活动包含了教育的意义。Tsai(2010)对大型购物中心的实证研究指出,商场应该为消费者创造享乐的体验来激发他们的积极情绪,包括高兴、幸福、梦幻等。

Han 等(2010)开发了餐厅消费者的情绪测量量表,包含了四个维度:兴奋(excitement)、舒适(comfort)、麻烦(annoyance)和浪漫(romance)。

Hosany等(2010)开发了针对旅游目的地游客的情绪量表,包含三个维度:高兴、爱和积极的惊奇。Io(2016)通过对澳门赌场500名游客的实证研究发现,赌场通过创造不同的活动带给消费者不同的情绪体验。他把赌场里的活动分为8类:赌博、拍照、水疗按摩、舞台表演、购物、餐饮、参观赌场外部和参观赌场内部。通过因子分析,他提炼出赌场消费者的两个情绪维度:一个是轻松愉悦(light pleasure),是那些能让消费者感到愉悦和放松的情绪;还有一个是高度有趣(intensive fun),是那些能让消费感到刺激、高兴、兴奋的情绪。这两种情绪都与消费者满意度积极相关,轻松愉悦的相关度更高。Io(2016)认为这两个维度高度类似于Russell(1980)的愉悦-唤醒维度。

贾跃千(2009)认为在景区游览中,游客的情绪是分层次的,有体验中和体验后情绪。体验中情感是初级情感,而体验后情感与满意度都属于次级消费情感。他提出了一条游客景区体验的故事线,即游客在景区的游览过程中,对所游景区做出认知性评价(感知质量),同时获得情感性评价(体验中情感),这两种评价最终合力形成体验后情感,并有可能影响消费者行为意向。他的研究指出满意度其实就是一种体验后情绪,受到体验中情绪的影响。贾跃千(2009)认为体验后情绪更好地描述了游客景区体验,他把游客体验后情绪定义为游览过程中,游客对景区感知质量和情感性评价,形成一种更高层次的、具有多维度的情感评价,这种评价也受到游客个体差异等影响。

(二)情绪分类和组合

消费者分类研究是社会学和管理学中一个重要研究方向。起初,研究者对于所有旅游者一视同仁,都是大众旅游者(MacCannel,1976)。但更多的学者开始意识到,旅游者是不同的,要对旅游者进行分类,这样能帮助旅游企业的运营者更好地制定营销策略。

Murphy(1985)将游客分类方法概括为两种,一种是基于游客的动机(Cognitive-normative),还有一种是基于游客和旅游目的地的互动(Interactional)。Cohen(1972)把旅游者分为4类:大众旅游者、个体旅游者、发现者和挖掘者。Plog(1974)根据个体的动机偏好,把旅游者分为完全自我中心向、接近自我中心向、一般、接近异向中心向、完全异向中心向。自我中心向的游客就是那些追求新鲜感、惊奇度、刺激性和具有冒险精神的人,更愿意去那些异域的未成熟的旅游目的地。异向中心向的人讨厌冒险,喜欢熟悉的目的地。

在消费者行为研究领域,基于消费者情绪组合和分类的研究非常有限(Prayag & Hosany, 2013),但很有必要(Westbrook, 1991)。第一,比起关注基本情绪的种类和维度,情绪组合和分类能够全面了解消费者的情绪体验。第二,情绪组合研究是替代情绪维度研究的一种方法。情绪维度研究考虑的是情绪背后的共同因子,但是很多时候消费者感受到的不只是一种因子。Liljander 等(1996)指出通过对情绪组合的进一步研究,有助于了解消费者满意度。Bigne 等(2004)在主题乐园语境下,根据游客的情绪分组,发现那些表现出更高积极情绪的游客展示了更高的满意度和更强烈的重游意愿。Schoefer 等(2009)基于消费者情绪把游客分为四类,发现这四类对应不同的满意度、信任感和忠诚度。

Westbrook 等(1991)基于 Izard 的 DES-II 情绪量表,研究满意度和情绪的关系。他们访问了 140 位在过去一年内购车的消费者,这些消费者一半买的是新车,另一半买的是旧车。通过聚类分析得到五个情绪分组聚类。通过聚类比较,发现被试者表达了更多的积极情绪,如愉悦和惊奇,对于消极情绪表达较少。消极情绪之间高度相关,但积极情绪之间并没有,惊奇与除了兴趣以外的所有情绪都相关。Westbrook 等(1991)把这五组情绪命名为快乐满意(这些消费者更多地表达了感兴趣、愉悦,很少表达惊奇和负态情绪)、惊喜惊奇(这些消费者表达了高度的喜悦与惊奇,很少表达负面情绪)、无情绪(这些消费者在所有情绪的表达上都低于平均值)、负面的惊奇(这些消费者表达了较多的惊奇和负面情绪,如沮丧)、生气沮丧(这些消费者以负面情绪为主,表达了很多的厌恶和蔑视)。他们的研究对满意度内涵的揭示很有意义。快乐满意小组和惊喜惊奇小组都与满意度高度相关。虽然这些情绪前置原因不同,快乐与惊奇高度相关,愉悦和兴趣高度相关。无情绪小组的满意度并不低,只是平均的情绪表达程度较低。负面情绪小组的被试者表达了较低的满意度,但还是满意的,说明消费者对于浅层的负面情绪是有容忍度的,并不一定会转换为不满意。生气沮丧的小组表现出了最低的满意度,但被试者并没有表达出非常的不满意。

Oliver 等(1993)根据消费者情绪把他们分成了 6 个组群:敌意/沮丧、内疚/羞愧、高兴、满足、不确定和无情绪。敌意/沮丧和内疚/羞愧两组表现出的满意度最低,满足小组表现出最高的满意度。但是只有敌意/沮丧小组的分数是低于满意度中间分值的,表现出不满意。其他小组虽然有负面情绪,但并没有表现出不满意。Liljander 等(1996)以芬兰的一个地方人力劳动局为研究对象,研究到劳动局办事的消费者情绪与满意度之间的关系。他们的研究结果与 Oliver 等(1993)的研究结果非常相似。此研究比较有趣的一点是,一个小组的情绪组合是生气/满意,他们既有积极情绪也有消极情绪,而且表现出了较高的满意度。因此可以说明,消费者对负面情绪是有容忍力的,积极情绪和消极情绪可以相互抵消。这两个研究的结果都说明消费者对负面情绪是有包容力的,他们没有感受到太多情绪时也可能是满意的。

　　Hosany 等(2010)发展了一个量表用来测量游客对于目的地的情绪范围和强度。他们发现现有的一些情绪分类方法对于区分游客的情绪并不适用。研究游客情绪时,要考虑游客自身的特质和目的地特质。他们发展的情绪量表有 3 个维度 15 个问项,即高兴(令人振奋、愉悦、高兴、热情和快乐),爱(温柔、爱、呵护、喜欢和温暖)和惊喜(惊喜、惊奇、梦幻、启迪和惊讶)。基于这个量表外加一个消极情绪的维度(不高兴、不愉悦、遗憾、悲伤和沮丧),Hosany 等(2013)研究游客在不同消费情绪下对目的地的满意度和重游意愿。Hosany 等(2013)用两步骤聚类分析法(Punj& Stewart,1983)把被试者分成五组。第一组被命名为无情绪的,被试者在各个情绪分数的打分都低于总体的平均分。一种解释是这些游客在评判目的地时更关注认知元素(San Marin & Del Bosque,2008)。第二组被命名为高兴,被试者表现出较高的愉悦和惊奇、较低的消极情绪。Izard(1977)指出较高程度的惊奇对消费者体验能起到放大的作用。Oliver 等(1993)的研究也发现高兴的消费者表现出较高的愉悦和兴趣。第三组被命名为消极,被试者表现出最高的负面情绪平均分,最低的高兴平均分。只有 8.9%的被试者在这组里,可能因为旅游是享乐体验,游客会体验到消极情绪的概率较低。第四组被命名为混合,被试者表现出了正负情绪的混合,有较高的高兴、一般的惊奇、较低的爱和负面情绪。第五组被命名为热情,被试者表现出最高的爱、较高的高兴、较低的惊奇。这一发现和 Trauer 等(2005)的研究结果一致,即旅游地对游客来说是充满亲密感和感情的地方。

这种亲密感来自游客和目的地之间的互动。第二组和第五组的被试者表现出了最高的满意度和重游意愿,第三组的满意度最低,第一组的满意度中等。

九、文献述评

本书回顾了消费者情绪理论的发展,得出以下三点结论。第一,消费者情绪的定义和内涵多样化,研究者可以也应该根据自己的研究语境挖掘消费者情绪内涵。第二,有些情绪是由认知决定的,但也有些情绪是独立于认知的,这种差异和具体的研究语境有关。消费者行为领域的大部分学者支持后面一种理论(Bagozzi et al., 1999; Bigne et al., 2008),即将认知放在消费者情绪和消费者行为之前。但实际生活中,有时候情绪是消费者行为的重要驱动动机。本书作者认为关于消费者情绪和认知的关系,需要在不同的具体消费语境下,进行更多的实证研究来填补空白。第三,情绪对消费者满意度的影响并不是简单的正相关或者负相关。

本书认为,之所以理论界对情绪和满意度研究的差异如此之大,有三个原因。第一,研究消费者情绪要结合具体语境,悲伤这个情绪在不同语境下和满意度的关系是不一致的。第二,消费者对自己的情绪会进行归因,归因的结果对满意度产生重要影响。第三,存在其他变量影响这两者的关系。第四,消费者情绪测量方法的多样性,很大程度是因为理论界对情绪的分类争议太大。本书认为在研究特定消费情境时,开发特殊消费情绪量表是非常重要而且有意义的。量表应该能囊括在该情境下经常发生的一些情绪,但不需要包含所有可能产生的情绪。量表的问项设计要简洁明了,方便以后在调研中使用。

第六节 消费者重游意愿

消费者行为是营销学中非常重要的课题(Bigne et al., 2005),因为保留一个老客户比得到一个新客户的成本要低得多。Blatterberg(1998)指出对于企业来说,消费者是最有价值的,企业要为消费者创造价值,维护好长期关系。在体验经济时代,消费者行为也发生了很多变化。消费者更关注自我的独特需求,追求实现个体自我价值,把心理活动融入消费中,重视体验过程和企业的社会责任感。经济学家把发达国家和城市的消费者称为新消费者。这些消费者一般都受过高等教育,拥有较多的可支配收入,注重个性消费和体验。他们的行为模式是理性消费和情感消费的综合体,行为至上。这些消费者重视在体验过程中的亲自参与,享受各种活动中的体验(谢彦君,2005)。消费者行为意向是消费者在购买和使用过程中心理和行动的活动,这些活动导致了消费者的购买行为(Jagdish & Banwari,2004)。在消费者行为领域,消费者重游意愿属于消费者忠诚的研究范围。

东京迪士尼乐园作为全世界最盈利的一个主题乐园,其成功运营的一个关键要素就是游客的重游率高达83%(董观志,2006)。对于主题乐园经营者而言,提高游客的重游意愿是首要任务。对于研究者而言,预测游客的行为意愿是消费者行为研究的主要目的之一。Reichheld等(1990)指出,如果能保留住5%的老客人,公司就能获得加倍的盈利。Petrick(2004)的研究指出,那些重游的游客比第一次游玩的客人会逗留更长时间,更愿意向别人推荐。

一、消费者行为模型

意愿的理论基础来自理性行为理论和计划行为理论。Fishbein等(1975)提出的Fishbein-Ajzen行为意图模型,研究了消费者信念、态度、意图和行为之间的关系。这个模型也是后来著名的理性行为模型(The Theory of Reasoned Action,TRA)的一部分。这个理论指出人的行为意图中有两个重要的决定要素,个体对特定行为的态度和主观准则。Ajzen(1991)进一步提出了计划行为理论(The Theory of Planned Behavior,TPB),引入了第三个要素——行为控制认知。人的行为并不是完全出于自愿,而是在控制下的。Hawkins等(2005)提出的消费者行为总模型指出,消费者受到内部(个体的记忆、动机、情绪、态度、学习和知觉)和外部因素(社会、文化、群体、家庭和营销)的影响,塑造自身的生活方式和形象,产生了需求与欲望,需要通过消费来满足。这一消费的决策过程反过来会对消费者的内部和外部因素产生影响。Solomon(2014)的消费者轮盘模型,强调了消费者的五个层面:在消费市场中的消费者、作为个体自身的消费者、作为决策者的消费者、消费者与所处的亚文化背景、消费者与文化。

二、消费者忠诚度

　　Oliver(1997)提出的忠诚度定义是较多学者支持的。他指出消费者忠诚度是一种意愿,是消费者长期重复购买偏好的产品或者服务,这种偏好不会因为外部环境的改变或者竞争对手的策略而改变。他把消费者忠诚度分为四类:认知忠诚、情感忠诚、意向忠诚和行为忠诚。他把消费者行为意向分为长期和短期的。口碑效应、抱怨、赞美、推荐给他人等行为是短期行为结果。而忠诚度是长期行为结果。Oliver(1997)进一步把忠诚度分为行动类忠诚度和非行动类忠诚度。如果消费者获得满意积极的体验,他们的忠诚度会从非行动类转换为行动类。Zeithaml等(1996)提出了四个消费行为维度,包括口碑、对于产品或服务消费者想要重复购买的意愿、价格敏感度和消费者的抱怨可能。在后来的大样本检验中,4个维度变成5个维度,但研究者并没有对此做出进一步分析。

　　Luce(2001)提出消费者对于在产品或服务的消费过程中产生的负态情绪会采取策略。而Sunghwan等(2004)将消费者的这种对负态情绪的策略划分为八个类别,包括心理上的不作为和行为上的不作为,即消费者采取听之任之的态度。Anderson(2003)指出很多情况下,对于消费者来说,不作为是一种最佳选择。贾跃千(2009)指出,应该把消费者不作为纳入消费者忠诚度的理论模型,作为重要的行为意向维度。他的研究提出了一个景区游客行为意向的三维度模型:消费者选择偏好程度、正面口碑和重游意愿、负面口碑和消费者不作为。

　　研究显示忠诚度的前置条件比我们想象的复杂得多(Oliva et al.,1999),Jacoby等(1973)认为很多因素会影响这个概念。其中一个要素是承诺(Day,1969)。最早对承诺的研究来自社会学和心理学,研究成果集中在婚姻或职业发展中。心理学家Festinger(1957)和Kiesler(1971)定义承诺为个体决定的行为倾向,试图用社会-心理学框架去解释承诺(Prichard et al.,1999)。Kiesler等(1966)的承诺定义强调拒绝改变和拒绝受到影响,在这基础上,Crosby等(1983)把承诺定义为一种稳定的偏好,拒绝改变。个体形成了稳定的信息架构,赋予了自己的情感和价值观念,这些都能最大限度地帮助个体抵抗住外界的影响。Morgan等(1994)把承诺描述成想要持续的一种依恋。有些学者认为承诺可以区分忠诚度的层次。但有些学者认为两者没有关系（Oliva et al.，1992）。比较中立的观点认为，如果把两个概念定义清晰，承诺可以引致忠诚度（Beatty et al.，1988）。Beatty 等（1988）把承诺视为与一个品牌的情感链接，这个情感链接发生在忠诚度之前。忠诚度强调的是反复购买行为，是一个态度和行为的综合体（Day，1969；Pritchard & Howard，1997）。

三、消费者行为意愿

Oliver（1997）认为行为意愿是指消费者多大程度上愿意去作出某种行为，包括再次购买、口碑传播等。贾跃千（2009）将游客行为意愿定义为，在景区游览体验结束后，游客基于服务质量的认知评价和体验的情感评价，是否愿意向他人推荐景区、是否会有持续性购买行为等的行为选择意向。

很多学者认为产品或服务的形象决定了消费者的忠诚程度（Faullant et al.，2008），认为感知质量和满意度都会影响消费者的行为意愿，但是具体的关系却少有学者研究（Aziz，2012）。一些研究证实了消费者的满意度与其重复购买行为之间的积极关系（Mittal and Kamakura，2001；Reichheld & Sasser，1990；Zeithaml et al.，1996）。满意度也被认为影响行为意图（Ting，2008）。Bigne 等（2005）的研究发现忠诚度更多地被愉悦的情绪影响，而满意度更多地被服务表现影响。

（一）口碑传播

File 等（1992）定义口碑为消费者是否愿意向他人推荐。Zeitham 等（1996）指出向他人推荐只是口碑的一个维度。也有学者（Arnould & Price，1993）把它当作体验的延伸，指的是消费者在体验结束后，如何与他人分享自己在体验中获得的认知和情感。现代技术的发展帮助人们很容易地进行分享。如果游客觉得自己获得了独一无二的愉悦体验，会在体验结束后很长时间里，乐于与他人分享，这也是游客保存自己美好感觉的一种方式（Dong & Sui，2013）。对于服务行业来说，消费者口碑的重要性不言而喻（Anderson，1998；Harrison，2001）。Anderson（1998）的研究指出，对于体验和信用类产品，消费者对风险程度较为敏感，口碑有助于降低这种敏感。口碑包含了更多个人的体验，对于接受者而言，口碑意味着更可靠的信息来源（Swan & Oliver，1989）。

（二）愿意支付更多

Bigne 等（2005）的实证研究指出，由于主题乐园在游客进入乐园之前已经收取入园费，那么游客会对他们实际在游园过程中获得的价值与入园所支付的费用相比，如果价值超过费用，那么游客将来会愿意支付更多。

（三）重游意愿

重游意愿是行为意愿的一种（Wu et al., 2014）。Um 等（2006）把游客重游意愿视为他们满意度的延伸。Oliver（1997）把再次购买/游玩的意愿视为行为上的忠诚度。在旅游语境下，Baker 等（2000）把游客的重游意愿定义为他们在未来重返此地的意愿和未来是否会经常来此地。

四、消费者重游意愿影响因素

对任何目的地，包括主题乐园来说，重复游玩的游客有多重要是个不容置疑的话题。那么到底有哪些因素影响了消费者的重游意愿呢。部分学者的研究指出了一些重游意愿的影响因素，包括：

（1）满意度（Petrick et al., 2001；Kim et al., 2009）。

（2）过去的体验（Kozak, 2001；Petrick et al., 2001；Bauer & Chan, 2000）。

（3）感知价值（Um et al., 2006）。

（4）服务质量（Baker & Crompton, 2000）。

（5）态度（Huang & Hsu, 2009；Bauer & Chan, 2001）。

（6）意向（Jin et al., 2015）。那这些要素又是如何影响消费者的重游意愿呢，不同的学者也给出了不同的答案。表 2.12 总结了这些学者的不同观点。

表 2.12 重游意愿影响因素

作　者	研究背景	影响要素	研　究　结　论
Cole 等（2006）	乡村历史节庆	服务质量、体验质量、满意度	体验质量对满意度和重游意愿有显著影响
Jin 等（2015）	水上主题乐园	体验质量、感知价值、满意度、意向、行为意愿	体验质量积极影响游客的感知价值、满意度和意向。体验质量通过满意度影响游客的行为意愿

(续表)

作　者	研究背景	影响要素	研究结论
Chang(2013)	文化旅游景点	体验质量、感知价值、动机	体验质量对重游意愿有显著影响，但感知价值和动机对重游意愿没有显著影响
Lee 等(2004)	森林旅游	服务质量、满意度	服务质量通过满意度这个中介变量显著影响重游意愿
Feng 等(2007)	旅游目的地	新奇感和满意度	将游客重游意愿分为短期、中期和长期，新奇感对中期重游意愿有显著影响，满意度对短期重游意愿有影响
Kao 等(2008)	主题乐园	体验质量、满意度、重游意愿	体验质量对满意度有显著影响
Aziz 等(2012)	主题乐园	感知质量、情绪、满意度	感知价值通过满意度影响重游意愿
刘法建等(2019)	对国内外关于重游意愿的89篇文献做出分析	过去的体验、游客感知价值和吸引力、动机、满意度以及目的地形象	这些因素都对重游意愿有影响，但影响程度有较大差异
Bigne(2005)	西班牙	感知质量、目的地意向、满意度	感知质量、目的地意向和满意度都显著影响消费者重游意愿
Kao 等(2008)	台湾篮球联赛	体验态度、情绪、满意度	情绪对体验和满意度有显著影响，满意度影响消费者的再次购买意愿
Baloglu 等(2003)	去拉斯维加斯的加拿大游客	目的地形象、满意度	目的地形象通过满意度这个中介变量显著影响重游意愿
Petrick 等(2001)	休闲旅游目的地	过去的经历、满意度、感知价值	过去的经历、满意度和感知价值都对重游意愿有显著影响

五、文献述评

对于主题乐园经营者而言,为游客创造美好体验的最终目的就是提高游客的重游意愿。能够影响重游意愿的影响因素众多。传统观点总是把游客满意度和重游意愿联系在一起,少有从体验的角度分析影响游客重游意愿的整个机制,也很少考虑为什么同样满意的游客,有些人的重游意愿就是高于某些人。

第三章

全文研究模型和研究设计

第一节 核心概念界定

怎样去定义一个概念。谢家琳(2008)提出了4个标准：(1)表达出概念的层次；(2)包含概念的内部成分；(3)解释清楚概念的前因与后果；(4)能够区别于其他相近的概念。

满意度：本书针对主题乐园这个具体的语境，将游客满意度定义为游客在主题乐园游玩结束后，对整个游程的总体评价。

体验质量：企业提供给消费者的所有产品和服务要素，以及这些要素带来的机会。本书将体验质量视为服务质量在乐园体验中的一种延伸。

体验价值：消费者与乐园之间互动的结果，是消费者获得的一种相对的偏好的感受。体验价值是消费体验引起的体验消费价值，如好玩的、享乐的、沉浸的。

游客情绪：乐园内所有有形和无形的刺激物给游客带来的复杂反应，包括认知评价、主观感受和行为意向。

重游意愿：乐园游客在未来是否会重返此地和未来是否会经常来此地的意愿。

第二节 相关变量界定和假设

一、自变量：体验质量

很多学者指出，体验质量对了解消费者感知和行为有重要影响（Kao et al.，2008；Chen & Chen，2010）。Dann(1996)认为体验质量影响了游客对目的地的感知，而体验和感知一起决定了游客是否在未来会重返此地。Chen 等(2010)指出体验质量通过感知价值和游客满意度影响重游意愿。Cole 等(2006)对参与节庆活动游客的实证研究发现，体验质量影响满意度。Jin 等(2013)通过对水上乐园游客的实证研究发现，体验质量对顾客的感知价值、乐园形象、重游意愿有着积极影响，他们提出了体验质量-感知价值-行为这条影响路径。

Niente 等(2016)在中国台湾金门战地遗址导游讲解水平和忠诚度的研究中发现，如果游客认可导游的讲解，会产生较高的满意度，从而有较好的忠诚行为。导游的讲解水平通过满意度这个中介变量影响忠诚度，而好玩性在导游讲解水平和满意度之间起调节作用。Chang(2014)的研究也发现，导游的表现对游客满意度有积极影响，满意度是导游表现和顾客行为意愿之间的中介变量。据此，本书提出假设 H1 和 H2。关于体验质量问项的开发，将在后文中进一步阐述。

H1：乐园的体验质量会正向影响乐园游客满意度；

H1a：乐园的物理环境会正向影响乐园游客满意度；

H1b：乐园的交流环境会正向影响乐园游客满意度；

H1c：乐园的其他游客会正向影响乐园游客满意度；

H1d：乐园的商品会正向影响乐园游客满意度；

H1e：乐园拍照留念会正向影响乐园游客满意度；

H2：乐园的体验质量会正向影响乐园游客重游意愿；

H2a：乐园的物理环境会正向影响乐园游客重游意愿；

H2b：乐园的交流环境会正向影响乐园游客重游意愿；

H2c：乐园的其他游客会正向影响乐园游客重游意愿；

H2d：乐园的商品会正向影响乐园游客重游意愿；

H2e：乐园拍照留念会正向影响乐园游客重游意愿。

二、自变量：体验价值

Gallarza 等(2006)认为体验价值是满意度的直接前因变量。Tung 等(2011)的研究发现，如果顾客感受到享乐性、顿悟性的和娱乐性的体验价值，就会形成积极的记忆，这种积极记忆与重返意愿和口碑传播有正面关系。Hosany 等(2010)对游轮的实证研究证实了这种关系，他们发现游轮体验的娱乐性、审美性、逃避性和教育性显著影响游客的推荐意愿和满意度。Ali 等(2014)对马来西亚度假区的实证研究发现，体验价值与顾客记忆和忠诚度积极相关。Weed(2005)对体育活动参与者的实证研究发现，当参与者获得好的体验价值，他们很愿意再次来参加同样的体育活动。Wu 等(2014)对台湾主题乐园的实证研究发现，乐园的体验价值对游客满意度有重要影响，满意度对重游意愿有重要影响。Yuan 等(2008)对台北星巴克咖啡店的实证研究发现，体验价值对顾客满意度有重要影响。他们提出，咖啡店的服务质量、顾客获得的感官体验和情感体验都是体验的重要组成部分。据此，本书提出假设 H3 和 H4。关于体验价值问项的开发，将在后文中进一步阐述。

H3：乐园的体验价值会正向影响乐园游客满意度；

H3a：体验价值真实性会正向影响乐园游客满意度；

H3b：体验价值沉浸会正向影响乐园游客满意度；

H3c：体验价值想象力会正向影响乐园游客满意度；

H4：乐园的体验价值会正向影响乐园游客重游意愿；

H4a：体验价值真实性会正向影响乐园游客重游意愿；

H4b：体验价值沉浸会正向影响乐园游客重游意愿；

H4c：体验价值想象力会正向影响乐园游客重游意愿。

三、中介变量：满意度

体验满意度这个概念来自满意度(Kao et al.，2007)，是顾客对体验的总体评价。朱世平(2003)将游客体验满意度视为游客体验前的期望与实际体验感知的一致性。Kao 等(2007)把体验满意度定义为顾客对整个体验满意与否的一个评价。关于满意度测量的量表已经非常成熟,本书基于主题乐园语境,提出下面 3 个测量问项。

表 3.1 满意度测量问项及来源

概　念	编　号	测　量　问　项	来　源
满意度	SA1	这个乐园的表现超出了我的预期	Oliver, 1987; Wu 等,2014
	SA2	这是我曾经去过的最棒的乐园之一	
	SA3	我对来到这个乐园的决定感到满意	

Yi(1991)指出要综合考虑满意度的前因变量和后果。一个重要的前因变量就是前文提到过的服务质量。张启良(1988)认为游客对于游憩质量的满意度取决于游憩区的服务质量。Bloemer 等(2002)对欧洲的一个大型连锁超市进行实证研究,基于满意度-信任度-依恋感-忠诚度的模型使用不同的前置变量(积极的情绪、友好健康的超市形象、消费者关系的维护),这些变量都对消费者满意度有积极正面的影响。满意度通过信任度影响了依恋感,从而推测消费者的忠诚度。

满意度常见的结果变量是消费者忠诚度(Oliver, 1997)。Fornell(1992)的研究指出满意度对再次购买意愿有着积极影响。但很多学者(Zeithaml et al., 1996; Oliver, 1999)发现使用消费者满意度预测忠诚度的作用非常有限。这两者的关系取决于行业、产品种类和消费者特征(Oliver et al., 1992; Yang & Patterson, 2004)。Bloemer(2002)对汽车销售的研究发现,消费者对汽车的满意度直接影响他们对品牌的忠诚度。消费者对售中售后服务的满意度直接影响他们对 4S 店的忠诚度。Russel-Bennett 等(2007)的调研发现,满意度可以直接决定未来的重购意愿,因为消费者减少了考虑其他品牌的时间和精力。吴佩芬(1996)对主题乐园的研究发现,游客满意度越高,未来再次游玩意向越高。但 Oppermann(1999)对国际旅游目的地的研究发现,消费者的满意度和忠诚度的相关度很低。对消费者而言,再次到访一个国际旅游目的地需要耗费高额的时间和金钱,而且消费者有众多更新奇有趣的目的地可供选择。Jin 等

(2015)指出满意度是重要的重游意愿决定因素,满意度来自顾客的体验质量和感知价值,但是满意的游客未必是忠诚的游客。在主题乐园语境下,重游意愿与满意度关系的研究非常有限(Aziz e.al., 2012; Li & Wu, 2013)。

满意度模型中,还有一个难以确定的就是调节变量(贾跃千,2009)。Szymanski 等(2001)的研究发现影响最大的因素是公平和差异。部分学者发现感知表现对满意度的影响很大(Cronin & Taylor, 1992; Hui et al., 2007;史春云 & 刘泽华,2009)。Oliver(1993)把情绪视为认知和满意度之间的调节元素。Ting(2008)在主题乐园研究中,把情绪和体验质量视为乐园表现和满意度以及行为意愿之间的调节变量。Moreno 等(2015)对篮球职业联赛观众的调研,发现情绪对满意度和行为意愿有调节作用。据此,本书提出假设 H5、H6 和 H7。

H5:游客满意度会正向影响重游意愿;

H6:乐园游客满意度在体验质量对重游意愿的影响中发挥中介作用;

H6a:乐园游客满意度在乐园物理环境对重游意愿的影响中发挥中介作用;

H6b:乐园游客满意度在乐园交流环境对重游意愿的影响中发挥中介作用;

H6c:乐园游客满意度在乐园其他游客对重游意愿的影响中发挥中介作用;

H6d:乐园游客满意度在乐园商品对重游意愿的影响中发挥中介作用;

H6e:乐园游客满意度在乐园拍照留念对重游意愿的影响中发挥中介作用;

H7:乐园游客满意度在体验价值对重游意愿的影响中发挥中介作用;

H7a:乐园游客满意度在乐园真实性体验价值对重游意愿的影响中发挥中介作用;

H7b:乐园游客满意度在乐园沉浸体验价值对重游意愿的影响中发挥中介作用;

H7c:乐园游客满意度在乐园想象力体验价值对重游意愿的影响中发挥中介作用。

四、调节变量：游客情绪

调节变量的作用在于变量之间的关系是否保持不变，还是会在一定的条件下发生变化，对于理论的适用性和局限性有重要作用（罗胜强 & 姜嬿，2008）。很多学者会忽视调节变量（温忠麟等，2007），只是简单地测量变量之间的关系，来推断理论的正确性，这种忽视容易导致错误的研究结果（Baron & Kenny，1996）。有些研究使用人口统计的特征变量作为调节变量，但对于个体心理特征，比如情绪作为调节变量的研究甚少（胡抚生，2009）。

过去一直认为满意度是决定消费者行为的主要因素，但是现在更多学者发现情绪的重要性（Westbrook & Oliver，1991）。消费者情绪是动机的主要来源，对消费者的记忆和思考都产生重要影响。Chebat等（2002）指出在消费者的信息处理决策过程中，情绪起到了相当重大的作用，能预测消费者的行为。那么消费者情绪和满意度到底在多大程度上可以解释消费者行为？Westbrook（1991）很早就指出回答这个问题非常重要，有三个原因。第一，帮助研究者了解满意度这个概念的内涵和测量方式。第二，更关注满意度和情绪的相互关系。第三，更多地理解消费者的决策模式和行为。

Aho（2001）提出旅游体验的核心是游客的情绪。在旅游目的地（Yuksel & Yuksel，2007）、博物馆和主题乐园（Bigne & Andreu，2004）中，消费者的积极情绪，比如欢乐、高兴，与消费者的高满意度积极相关。Aziz等（2012）对马来西亚主题乐园的实证研究指出，游客情绪对满意度和重游意愿有着重要影响。Oliver（1993）发现积极或消极的情绪都会直接影响个体对产品或服务的满意度评价。Bigne等（2005）发现愉悦和警觉两个情绪维度能积极影响主题乐园的游客满意度。Muller等（1991）对到访加拿大多伦多的游客实证研究发现，积极情绪对游客的重游意愿有影响，但消极情绪并不影响游客的重游意愿。Moore等（1995）认为消费者感受到的情绪强度是不一样的，有学者认为那些更享受环境刺激的个体能感受到的唤醒程度更高（Raman et al.，1995）。Lee等（2005）对国际体育赛事旅游目的地和游客的研究发现，如果游客对目的地有美好的印象和正面积极的可感知质量，他们的积极情绪就会被激发，这种情绪对满意度与推荐意愿有直接显著的积极印象。在体育业语境下，

Sumino 等(2004)发现兴奋是关于个体是否会来参加未来体育比赛的指数之一。Biscaia 等(2012)的研究发现,只有愉悦这种情绪能预测观众们的满意度和行为意愿。据此,本书提出假设 H8。关于游客情绪量表的开发,将在后文中进一步阐述。

H8:情绪调节了游客满意度和重游意愿之间的关系;

H8a:游客在乐园里面感受到的爱正向调节满意度对重游意愿的影响;

H8b:游客在乐园里面感受到的高兴正向调节满意度对重游意愿的影响;

H8c:游客在乐园里面感受到的惊喜正向调节满意度对重游意愿的影响;

H8d:游客在乐园里面感受到的不愉快反向调节满意度对重游意愿的影响。

五、因变量:重游意愿

本书基于主题乐园语境,对于重游意愿提出了下面 3 个测量问项。

表 3.2 重游意愿测量问项及来源

概　念	编　号	测　量　问　项	来　源
重游意愿	BI1	我还会来上海迪士尼乐园游玩	Clemes 等(2007); Wu 等(2014)
	BI2	我非常想要再次来到这个乐园	
	BI3	我未来还是会选择上海迪士尼乐园	

消费者满意度一直以来被认为是忠诚度的一个必要但不充分条件,满意度并不会直接导致忠诚,两者之间的关系并不是线性的(Oliver, 1999)。Gierl(1993)的研究发现大部分消费者即使声称自己对品牌是忠诚而满意的,但他们都在近期改变使用的品牌。Taylor 等(1994)认为消费者满意度在服务质量和行为意愿中起到了调节作用。比起单独的服务质量或者满意度维度,服务质量和满意度之间的相互关系更能解释消费者行为意愿。而且服务质量对行为意愿的影响并不是在所有的研究中都显著。Jones 等(1995)指出,很多顾客声称自己对产品或服务满意,但不代表他们是忠诚的。他们发现,只有高度满意的顾客(在李克特 5 分量表上打 5 分的顾客)才是真正忠诚的,那些比较满意的顾客(在李克特 5 分量表上打 4 分的顾客)的忠诚度比不满意的顾客并没

有高多少。Um 等(2006)在研究重游意愿的前置因素时,提出了感知吸引力、感知服务质量、感知性价比和满意度四个变量。通过对中国香港入境游客的实证调研发现,这四个变量都对重游意愿产生积极影响,但是它们总共只能解释重游意愿方差的15%。因此研究者们提出,一定还有其他影响因素没有被找到。Li 等(2010)对游客旅游动机、目的地形象和重游意愿的关系研究发现,目的地的积极评价和重游意愿正向相关。Hui 等(2007)对到新加坡旅行的不同国度游客的实证研究发现,游客对目的地的总体满意度是他们重游意愿的重要影响因素。Mehrabian 等(1974)提出了最优刺激水平理论,这个理论指出存在一个最优刺激水平区间,当环境刺激低于这个水平区间时,消费者满意与行为意向没有关系;高于这个区间时,消费者会感到不满意(Wirtz et al.,2007)。

Williams 等(2003)把游客行为分为三个阶段,游玩前、游玩中、游玩后。基于此,Chang(2013)提出游玩前的动机、游玩中的体验、游完后的感知价值都会影响游客的重游意愿,但只有游玩中的体验对游客重游意愿有重要影响,动机和感知价值没有。Jang 等(2007)把游客的重游意愿分为短期(一年之内)、中期(三年之内)、长期(五年之内),满意度对短期重游意愿有重要影响,但对中期和长期重游意愿没有影响,而游客对新奇感的追求对中期和长期重游意愿有重要影响。

情绪对消费者行为影响的重要性,已经逐渐被更多的学者认可和证实了(Baker et al.,1992;彭聃龄,2001;Mattila & Wirtz 2001;Wirtz et al.,2007)。正负情绪对行为意向都有重要作用,但是作用方向、强度却不一致。Plassman 等(2007)通过核磁共振观察消费者脑部变化,发现忠诚的消费者会和产品有情感联系,而不忠诚的则没有。有些研究者认为相对于正态情绪,产生负态情绪的游客更容易有行为意向(Wirtz et al.,2007;贾跃千,2009)。有学者(Louro et al.,2005)的研究表明,有些正态情绪反而会使消费者降低重购意愿。比如,消费者在旅游中,他们求新求奇求异的动机得到满足,那么再次回到这个旅游地的愿望就会不那么强烈。有些学者指出某些情况下,正反情绪会并存(Cacioppo et al.,1997)。对于某些特色旅游项目,游客一方面会感到惊喜,但也有可能同时感到遗憾。旅游界有一句话,"不来景区遗憾终身,来了景区终身遗憾",就描述了游客这种矛盾心情。

关于消费者满意度、消费者情绪和行为意图之间的关系,很多学者都指出需要进一步研究和探索(Liljander & Strandvik,1997;Bagozzi et al.,1999;Bigne et al.,2005)。Vitterso(2000)通过研究挪威六个景区的游客体验,指出不同景区存在很大的差异性,普通的测量方法忽视了其中的差异。他提出了畅爽-单体模型来测量不同景区带给游客的不同情感反应,即使旅游者的总体满意度相似,但不代表旅游者拥有同样的情感反应。这个模型更专注旅游者在游览过程中关注的信息量,可以用来比较不同景区,也可用来测量不同类型的旅游者。Bigne 等(2005)的研究发现,主题乐园的表现会直接影响游客的情绪反应,而这些情绪对满意度有很高的影响,从而影响游客的重游意愿。但这些学者都没有解决游客在游园过程中感受到的情绪和满意度之间的关系(Ting,2008)。

基于此,本书认为单纯研究满意度的意义并不大。第一,随着社会经济的发展,企业提供的产品和服务品质越来越好,体验也越来越完善,消费者感受到不满意的可能性被大大降低。第二,消费者有一个容忍区间,就算他们接收到了一些负面的线索,也未必会表达出不满意。因此,研究者们真正应该关心的是消费者的售后行为意向,就是如果消费者都满意,他们是否会再次购买,是否会有重游意愿。消费者表现出同样的满意,但背后的情绪机制是不同的,找出这些机制内涵,可以真正了解消费者的重返意愿。Stauss(1996)就指出有不同种类的满意,这些满意背后蕴藏着不同的情绪组合、认知和意愿。Liljander 等(1997)用愉悦-唤醒维度模型把消费者根据情绪分成四类,他们指出研究者真正应该关心的是情绪对消费者行为的影响。

第三节　研究模型与研究设计

在主题乐园语境下,到底有哪些因素影响了主题乐园游客的重游意愿,这个问题少有人研究(Bigne et al.,2005;Li & Wu,2013)。本书根据前面的研究,提出了下面这个研究模型,如图 3.1 所示。

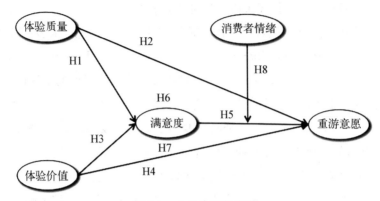

图 3.1 本书的研究模型

本书以上海迪士尼乐园为研究对象,从体验视角出发,以如何提高主题乐园游客重游意愿为研究动机,梳理出主题乐园游客的重游意愿影响机制,提供重要理论和实践指导。本书主要由绪论、文献综述、实证研究和研究结论四部分组成,包含六个章节。

本书技术路线如图 3.2 所示。

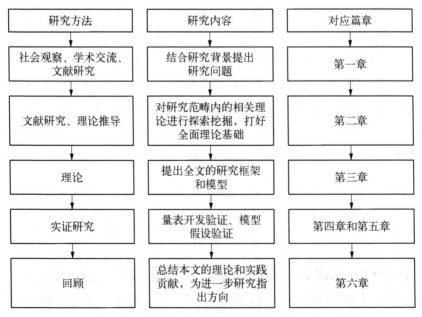

图 3.2 本书的技术路线

第四章

研究一：体验质量、体验价值和游客情绪的量表开发

主题乐园体验是服务体验的一种,因此服务消费的一些特征,如异质性、无形性、不可储存性、消费生产的不可分割性(Parasurama et al., 1985)也同样是主题乐园消费的特征。旅游是享乐型消费,享乐型消费的特点就是给消费者带来快乐和愉悦,是情感体验(Komppula, 2006)。因此,主题乐园消费和普通产品消费有着本质的区别,体验和情绪是消费者的关注点。

本书区分了体验质量和体验价值这两个概念,解决了体验是否能真正影响消费者行为意愿的争议。有些学者认为体验能够影响消费者行为,但有些学者认为体验无法对游客产生影响,因为游客会很快遗忘体验。产生这个争议的主要原因是以往大部分研究没有区别体验质量和体验价值这两个概念,没有真正找到影响游客行为意愿的体验要素。本书指出,体验质量是服务质量的延伸,更强调的是乐园功能性价值,来自消费者和客观环境的互动,对游客行为意向的影响有限。体验质量是企业经营者为了给消费者创造美好体验所创造的一切,是企业可以控制和管理的。体验价值更强调的是乐园的享乐性价值,是消费者能真正从体验中获取的价值,是消费者的主观感受,对游客行为意向有显著影响。

本章将会回顾体验质量、体验价值、消费者情绪的相关理论文献,结合焦点小组访谈结果和乐园行业的特点,开发适合于主题乐园语境下的体验质量、体验价值和游客情绪量表。

第一节　焦点小组访谈

Churchill(1979)指出,量表的选择有三种主要方法。第一种是使用成熟量表,即研究者已经开发并验证过的量表;第二种是在文献整理和实证研究的基础上制定量表;第三种是通过相关利益者的访谈得到量表。本书采用第二种,在文献整理和焦点小组访谈的基础上开发量表。

一、研究方法介绍

焦点小组访谈这一研究方法的依据是群体动力学原理(杨锴,2011)。每组 6~10 名受访者,在主持人的带领下就某一观点进行深入讨论,具有探索性、群体性、开放性等特点(杨锴,2011)。这些受访者能相互作用,彼此启发,比同样人数的受访者单独接受采访提供更多信息(陈向明,2000)。在选择受访者时,可以是熟人,也可以是陌生人。在本书中,由于访谈内容并不涉及隐私,所以部分受访者彼此熟悉,部分受访者是陌生人。焦点小组访谈是探索性研究,由于主持人和受访者面对面交流,主持人能读懂受访者的表情和动作,也能对一些问题深入挖掘(杨锴,2011)。访谈中的问题可以是结构的、半结构的、非结构化的。问题结构化程度越高,越有利于定量分析,但对启发受访者有局限。

二、访谈大纲

本书决定采用半结构化问题,由主持人充分调动受访者的表达和思维,深入挖掘现象背后的体验内涵。主要目的是对主题乐园中的消费者体验和情绪进行探索性发掘,尽可能收集相关信息。访谈大纲的主要内容包括:

(1) 感谢所有受访者来参加本次焦点小组访谈,告知他们本次调研的目的,并保证所有访谈记录不外泄,只用于学术研究。征求所有受访者同意整个访谈过程可以录音。

(2) 确定所有受访者在过去的三个月内到访过上海迪士尼乐园。

(3) 被试者的名字、年龄、职业，上次到访迪士尼的具体时间，上次去的时候是第几次到访迪士尼，和谁一起去的迪士尼，同游人数。

(4) 请问在上次游玩中，你觉得最令你难忘的事情是什么？可以说几件吗？

(5) 回忆这些令你感到难忘的事情，或者让你有美好体验的经历时，你可以用一两个句子来表达出原因吗？（即为什么这些事情、经历让你觉得难忘或美好？）

(6) 为了在迪士尼乐园中有更好的游玩经历，你认为以下这几方面对你的体验的影响如何？（或者你认为一个乐园最重要的因素有哪些？）

① 乐园的整体环境，包括游乐项目、环境设计、建筑等。
② 员工表现，包括员工的衣着打扮、举止仪态、言语、与你的互动等。
③ 其他游客的行为举止。
④ 商品纪念品，在乐园拍照纪念。
⑤ 还有哪些因素会影响你在乐园里的体验？

(7) 请用一些与情绪有关的词语来描述你在迪士尼乐园的体验。

三、访谈对象

本次组织了 3 组焦点小组访谈，每组有 6 位访谈对象。所有访谈对象都是居住或工作在上海的居民，在过去 3 个月内至少到访过一次上海迪士尼乐园。第一组是上海对外经贸大学的大学生，访谈地点在教室，访谈时间为 2017 年 10 月 11 日晚上 19:45～21:15。另外两组是通过邀请朋友和朋友的朋友获得的访谈对象，访谈地点在预定好的会议室，访谈时间分别为 2017 年 10 月 18 日下午 15:00～17:00 和 19 日下午 13:00～15:00。所有访谈都用普通话，并且用录音机记录，向受访者保证所有信息不会外漏。

本书用编号代表受访者。A 表示是第一组受访者，有 6 位，分别用 A1～A6 来代表。B 表示是第二组受访者，有 6 位，分别用 B1～B6 来代表。C 表示是第三组受访者，有 6 位，分别用 C1～C6 来代表。被访者信息请参见表 4.1。

表 4.1 访谈对象背景资料

编号	姓名	年龄	性别	职业	游玩时间	同行者	第几次去
A1	韩*	19	女	学生	2017.10.6	家人,3人	2
A2	杨**	20	女	学生	2017.8.14	家人,3人	1
A3	马*	21	女	学生	2017.9.29	朋友,2人	1
A4	孙**	19	女	学生	2017.9.29	朋友,2人	1
A5	屠**	21	女	学生	2017.9.25	朋友,3人	1
A6	杨**	21	女	学生	2017.9.25	朋友,3人	1
B1	靳**	19	男	职员	2017.7.16	家人,3人	1
B2	朱*	19	女	职员	2017.7.5	家人,8人	1
B3	张**	28	男	职员	2017.8.20	家人,3人	2
B4	方*	24	女	职员	2017.9.17	家人,4人	4
B5	樊*	35	男	职员	2017.10.8	家人,3人	3
B6	江**	36	女	职员	2017.9.30	家人,2人	4
C1	杨*	34	女	职员	2017.8.30	家人,4人	4
C2	张*	27	女	职员	2017.10.9	家人,3人	3
C3	胡**	25	女	职员	2017.8.23	朋友,4人	2
C4	杨**	30	男	职员	2017.7.26	家人,3人	2
C5	董**	37	男	职员	2017.10.19	朋友,2人	4
C6	叶*	30	男	职员	2017.9.25	朋友,3人	3

第二节 相关理论和文献回顾

一、体验场景

消费者体验的发生并不是自我产生的,而是由于外界环境刺激而成的。因此对企业来说,建立和营造一个能为消费者创造体验的环境,在管理实践中有着重要的意义(Mossberg，2007)，这让控制消费者体验变成可能(叶顺，2015)。Prahald等(2003)把这个环境定义为体验场景(O'Dell，2005；Mossberg，2007)，这也是服务场景的一种延伸(Bitner，1992)。O'Dell(2005)把体验场景定义为"一个愉悦、享乐的、娱乐的空间环境，不同群体可以在里面自由活动相互接触"。Berry等(2002)认为体验场景由"任何消费者感受到或认知到的，即使当时不能识别出的事物"构成。Caru等(2007)把体验看作消费者与体验场景以及其包含的各种要素之间的积极互动。体验是游客的主观感受，消费者在不同层面(感官、物理、精神、情感等)的涉入非常重要(Gentile et al.，2007)。Sharpley等(2011)把旅游体验等同于游客在旅游中遇见的人、事物和发生的关系。Verhoef等(2009)认为体验场景的属性是体验的决定因素。旅游语境下的体验场景包含了人文、物理、自然、社会和文化特点(Garrod et al.，2006)。随着研究的深入，体验场景元素也愈加复杂，包含物理环境、社会环境和符号环境(叶顺，2015)。

一些学者提出"基于体验的管理"，即为消费者创造良好的体验场景(Anderson & Brown，1994)。旅游业企业可以通过管理体验场景，创造体验价值，为消费者体验服务(叶顺，2015)。Bitner(1992)指出企业应该关注环境要素，鼓励消费者更多涉入体验中，重视消费者的各类反馈(生理、情感和认知)，了解哪些员工行为可以留住客户。企业在管理体验场景的时候，经常产生沮丧感。如何把体验场景元素组合起来，创造能诱发消费者积极的、超凡的、极致的体验，不是一件容易的事情。第一，虽然体验和体验场景是由企业创造的，但体验并不是简单由企业传递给消费者，企业无法直接控制体验(叶顺，2015)。第二，体验和游客自身的个人、社会、文化背景紧密相连(Oh，2008)。同一体验场景下，不同人的体验是不同的(Pine II & Gilmore，1998)，体验受到个人因素和体验场景的同时影响(O'Dell，2005)。很多元素，如消费者的个体特征(性格、旅游动机、追求等)和情景因素(是否第一次去、旅伴等)都会影响体验，而这些要素并不是企业能够控制的(Walls et al.，2011)。第三，体验是多层次和多维度的(Wu et al.，2014)，物理环境、员工互动、活动本身都影响体验。第四，体验存于个人内心。很多关于体验的调研中，被试者会表明自己的体验很棒，但很难观察他们是否得到同样的体验。消费者自身或许也不知道自己需要什么样的体验。

二、体验质量相关理论回顾

(一)体验质量

Crompton 等(1995)把体验质量定义为企业提供给消费者的所有产品和服务要素,以及这些要素带来的机会。钟洁(2015)把旅游体验质量定义为游览结束后,旅游产品对于游客生理和心理感知的影响程度。她指出,旅游体验质量是游客个体获得的满足,所以游客体验质量应该研究"旅游者的身心感受"。本书将体验质量视为服务质量在体验中的一种延伸,关注的还是体验中基本的、功能性要素。

(二)体验质量的构成维度

Wakefield 等(1996)的研究指出,影响游客体验质量的因素包括物理环境、社会环境和其他消费者。刘红阳(2012)提出,影响因素包括游客个体因素、物理环境、员工服务、其他游客、商品和纪念品、主题和故事的设计。肖轶楠等(2008)总结了 6 个为主题乐园创造体验的要素。第一,乐园主题的创造和体现。比如,深圳华侨城的成功就在于它成功推出了"中国民俗文化村"。第二,体验场景的搭建和布置。第三,乐园项目的设计和更新。在上海迪士尼乐园有个很受欢迎的项目"七个小矮人矿山车",作为一个过山车项目,其惊险刺激程度并不高,但是它受欢迎的原因是项目本身的故事氛围。第四,乐园活动的多样性。第五,乐园服务的优化完善。第六,为消费者延伸体验,创造回忆的沉淀和再现。De Rojas 等(2008)提出体验质量的三个维度:交流质量、物理环境质量和结果质量。表 4.2 总结了体验质量的维度。

表 4.2 体验质量的维度

参考文献	体验场景的维度
Carbone & Haeckel(1994)	表现元素(产品或服务的功能和技术表现)、环境元素、物场(景观、音乐、气味等)和人场(员工行为构成的消费者接触)
Arnould & Price(1993)	物理情景、社会环境
Baker 等(1994)	氛围要素、设计要素、社会要素

(续表)

参考文献	体验场景的维度
Berman & Evens(1995)	物理环境、人际互动环境
Urry(2002)	五种感官场景包括听觉场景、触觉场景、嗅觉场景、味觉场景以及视觉场景
De Rojas 等(2008)	交流质量、物理环境质量、结果质量
Rosenbaum & Massiah (2011)	物理维度、自然维度、社会维度、社会象征维度
叶顺(2015)	物理环境(建筑,装饰)、社会环境(员工与客人)、符号环境、商品纪念品

本书基于服务场景和体验场景理论,结合过往文献和主题乐园行业特色,把乐园体验质量分为四个维度:物理环境、交流环境、其他游客和商品纪念品。

1. 物理环境

Bitner(1992)把环境心理学运用到服务营销中,指出宽敞的环境、布置、合理的标示和指示都很重要。在零售业,物理环境对消费者行为意向和情绪都有影响(Mattila & Wirtz,2001)。Reimer 等(2005)比较了享乐型产品和效用型产品后,发现物理环境对于享乐型产品的影响更大。消费者对物理环境的满意度会积极影响他们对整个服务的评价,因为在服务场景的每个服务接触中,物理环境的设计都会影响消费者的认知和情感反应(Lin,2004)。Babin 等(2004)的研究发现,购物环境改变了消费者的情绪,进而影响购物行为。刘力等(2010)的研究发现,感知的购物环境并不是直接影响消费者满意度和行为意向,而是通过影响消费者情绪间接影响满意度和行为意向。Zeithaml 等(2003)指出,旅游业的物理环境影响着消费者感知服务质量,经营者需要足够重视。Mehrabian 和 Russel(1974)指出物理环境的氛围能够改变消费者的主观体验和感受,特别是情绪和激活水平。Baker 等(1996)研究发现氛围中的背景音乐和灯光都能影响消费者的情绪,从而改变他们的体验和行为意愿。

乐园物理环境包括游乐项目、乐园环境、建筑布置、标示指示、乐园的颜色气味等所有游客接触到的有形和无形的物理要素。对于主题乐园来说,物理场景尤为重要,是游客评价服务体验的重要依据。游客与物理场景发生很多互动。Brannen(1992)就指出东京迪士尼乐园的物理场景不仅体现出了日本文化,也体现出了国际视野。

在焦点小组访谈中,多位受访者也提到了对上海迪士尼乐园物理环境的评价。

非游乐设备项目非常多,如果没有时间或者无法忍受排队,可以在周边的环境找到很多乐趣,小孩子在里面也会很快乐。(C6)

迪士尼里面的设施故事性很强,融合了很多科技元素,呈现出来的感觉与其他的乐园大不同,很有特色的。(B6)

在迪士尼里面,建筑和植物的细节方面做得特别好,几乎每个角角落落的景色都可以直接放到朋友圈里。(A2)

每个区的建筑都有自己的特色,比如,明日世界让我们觉得"哇……",很现代化。(A6)

氛围布置和场景布置真的很注重细节,真的是处女座的细节都考虑到了,每个园区的分界线是很明显的。(C2)

最让我印象深刻的是有饮水处,很少会有人再买水,只要带了水杯自己可以随意取用。(A1)

厕所里面很干净,并且有一面大镜子,靠近水池,方便女生补妆,比较贴心。(C5)

卫生间有给婴儿换尿布的地方,空间大,很人性化。(A3)

卫生间色彩亮丽,提供烘干机和洗手液,很方便贴心。(A4)

洗手的地方用的是饮用水,并且取水处设置不同的高度,适合不同身高人群取水。(B2)

游玩的项目布局不合理,距离远,游客得来回跑,比较麻烦。(A3)

在迪士尼乐园里,虽然建筑等整体设计比较合理,但还是有很多游客会问某个地方在哪里,什么什么找不到,是否可以采取一些方法(如设计标牌等)让餐厅等建筑能凸显出来呢?(B4)

内部排队通道又窄又长,不太合理,并且可能存在安全隐患。(B5)

排队的地方设计不够合理,再加上外面走的路比较多,如果在里面排

一个小时的话,人又多又热,然后又闷。(B6)

去排队喷气背包,之前天热的时候有冷气吹出来,有部分人排在露天的地方,有部分人排在有顶棚的地方。(B2)

园区内可以休息的长椅等设施比较少,避雨遮阳的设备比较少。(C4)

2. 交流环境

交流环境指的是乐园如何展现体验场景,包括了直接和间接的服务传递(Arnould et al.,1998)。服务与产品最大的不同点在于,企业员工与消费者在服务接触中互动,共同完成了大部分的服务传递。与物理环境相比,交流环境对满意度和感知服务质量的形成有更重要的影响(Bitner,1992)。消费者进入体验场景前后,都会与工作人员接触,寻求帮助或提出意见。交流舞台包含了个体和文化的元素。工作人员是消费者的主要交流媒介,他们的个体特质和在交流中的表现,都会影响消费者的满意度(Gwinner et al.,1998;Dolen et al.,2004)。服务人员的仪表、行为举止、语言表达、态度、交流方式、处理问题的能力直接影响消费者体验,并决定了消费者对服务质量的评价。每一次服务接触中,员工行为都会引发消费者情绪,并对消费者后续行为产生影响(Soloman et al.,1985)。Swinyard(1993)对零售行业的研究发现,消费者情绪与他们在店内的停留时间、消费金额、未来光顾意愿有重要关联。员工在服务中的重要性不言而喻。因此,提高员工的服务水平,改善员工在服务接触中与消费者的互动能力对企业至关重要(金立印,2008)。

语言和非语言的沟通都影响着消费者的回应。Sundaram 等(2000)的研究认为员工的语言沟通行为影响消费者情绪,亲切、热忱、感同身受等语言表达能激发消费者的积极情绪,如满足和愉悦。Bitner(1992)提出,员工的欢迎语句,对游客需求的及时、有效答复都能促进积极情绪;反之,不耐烦和不恭敬的语言会导致消费者的消极情绪。非语言沟通,如恰当的眼神接触、得体的表情、温和的举止态度会增加消费者的信任度和亲切感,保持微笑和倾听让消费者感到受重视和关怀(Burgoon,1996)。员工穿着得体合适的服装,也是一种非语言沟通(Burgoon et al.,1996)。这些表现能帮助消费者逗留更长时间,参与更多服务(Sundaram & Webster,2000)。

近年来,营销学家把情绪感染引入营销领域(杨锴,2011)。情绪感染一词来源于心理学,有两种不同观点(Pugh,2001;张奇勇 & 卢家楣,2013)。第一种认为情绪感染是原始性的,是个体基于无意识的模仿行为,结果是可体验的。Du 等(2011)认为情绪是个体间无意识的传递,是个体之间模仿彼此的面部表情、语言、声音、动作、姿势等产生相同情绪汇聚。第二种认为情绪感染是一个有意识的过程,是在意识后的情绪传递现象,意识调节了情绪感染的过程与结果。个体有可能接收到对方传递的情绪信号并且无意识地融入自身的情绪系统。个体也有可能是主动解读对方的情绪状态和表达意义,调整自己的情绪来更好地应对对方的情绪(Barsade,2002)。Falkenberg 等(2008)认为情绪感染是个体从他人身上移植某种特定情绪。个体会接受并移植自己认为合适的他人的情绪(Barsade,2002)。

Pugh(2011)提出了情绪劳动,认为在服务场景中,员工的情绪展示会影响到消费者的体验和情绪。这里的员工情绪展示是员工的真实感受,而不是表达出来的职业情绪。Pugh(2011)指出消费者虽然没有意识到,但是他们会模仿员工的情绪表达方式。杜建刚(2007)也指出,员工情绪展示中的真实性对消费者的情绪有积极激发作用。员工的友好热情能够积极感染到游客,引发消费者积极的行为响应(Tsai & Huang,2002)。

焦点小组访谈中,很多受访者也表达了对乐园员工的看法。非常有趣的是,部分受访者认为上海迪士尼乐园的员工不够热情,但几乎所有受访者都认为这些员工解决问题和矛盾的能力很强。有些受访者表示参与演出表演游行的员工比其他员工更热情,更喜欢与游客进行互动。

> 每个主题里员工的服装是不一样的。在玩探险营的时候,有个员工竟然会说日语,用日语与日本游客交流,后边来了个老爷爷又用上海话回答,然后又用英语和外国人交流,哇,他们超棒,素质也很高。(A1)
> 我觉得演职人员的着装太土啦,看起来好像挺不合身的,所以我觉得它的设计上是不是按照欧美的身材、肤色来的呢,穿在中国的工作人员身上都好像大了一号,或者色彩比较不相符,总让人觉得欠了点什么。(C2)
> 我感觉整体的员工是有些许的冷漠,但是他们处理问题的效率很

高。(C5)

　　在排队时，发现有人会不自觉地插队，很神奇的是工作人员在那边，一旦发现插队的现象，就会问周边的人，他是否插队了，只要有一个人说这个人插队了，那么他就会被请出队伍，这就比较好。(A2)

　　在园区里面问路时，工作人员包括清洁工，他们的指向都特别明确，应该是培训过。(C6)

　　迪士尼员工很敬业，夏天天气特别热时，他们还穿着厚厚的服装，特别不容易，职业素质高。(B1)

　　总体感觉，迪士尼工作人员的素质要比其他乐园的员工素质高出一截。(A5)

　　迪士尼员工做事很认真，我带了玻璃杯被查出之后，只能丢掉。(B2)

　　可能由于每天重复性的工作，有些员工确实很冷漠，但有一些员工还是态度比较好的。(A3)

　　有些工作人员不怎么喜欢笑。(A4)

　　有一些小朋友说我这个身高达到要求了为什么不让上啊，引起一些骚动。(B4)

　　有些安保人员的态度较差。(C5)

　　每天看过太多人之后，一线工作人员态度还是很麻木的。(C4)

　　游乐项目一些员工比较机械地把你引导进去操作，但一些演员秀的演员会给你传递快乐。(B5)

　　有些演员愿意和游客互动，如巡游、演出等，包括国外的公主一般都会说中文，尤其是迎宾阁里面和游客拍照的公主，与游客互动性更强，也愿意和游客近距离接触等。(B6)

　　当我很开心、很高兴地等待着玩项目时，我问演职人员问题，可是他很冷淡地回复我，让我一下子有些失落、有些难过。(C1)

　　乐园里面演职人员的素质和服务质量有点参差不齐，有一些脾气真的坏到爆炸，特别是天气热的时候；有些则特别好，比如，在体验项目时，有个大叔热情洋溢地给我们讲故事，把大家带入故事的情境中，真的非常好，这两种情况都会影响游客的体验。(C3)

3. 其他游客

乐园的其他游客是指和被访者同时在乐园里游玩的游客,他们的行为举止对游客体验和满意度有重要影响(Baker,1986)。Gustafsson等(2006)对酒店满意度的研究发现,消费者之间的交流会影响消费者对酒店整体氛围的满意程度。Gummesson(1993)指出同行的游客能带来正向的刺激。Soderlund(1999)把这种购买门票、共同进入一个团体的人群称为"亚文化群体",指出这些人往往拥有相近的价值观和信念。这种群体在休闲娱乐活动中大量存在,如攀岩、滑雪、跳伞等。在本书的访谈中,多位受访者提到,他们看到有其他游客不遵守游园秩序,如插队、大声喧哗等,这些对他们的体验有很消极的影响。也有受访者提到,排队时和其他游客进行交流,感到非常愉快,连排队时间都好像缩短了。还有一个群体要素就是消费者在乐园中感受到的拥挤程度。张丽(2008)以桂林景区为研究对象,发现消费者对拥挤的感知程度对游客的体验和情绪有直接的消极影响。本书的访谈中,多位受访者提到乐园中最不好的体验就是排队人多、人挤人、透不过气等。

> 乐园里很多家庭出游,年轻的爸爸抱着小孩,妻子在旁边,感觉很负责任。(A3)
>
> 在玩雷明山漂流的时候,必定有不认识的人,在这种环境下,你和其他游客之间的互动可能是快乐的源泉之一。(C3)
>
> 有些家长对孩子的教育比较好,比如,告诉自己的孩子不要往前挤,要排队。(C2)
>
> 在迪士尼整个大环境里,游客的行为有好的,也有不好的。具体来讲,有的游客会乱丢垃圾,但是有的游客比较自觉,当看到其他游客丢弃垃圾时,会主动捡起来。他们在这里可能有代入感了,觉得自己应该去维持乐园的干净整洁。(B4)
>
> 有一些家长的素质有待提高,有个家长交代自己的小孩站在前面,一直往前挤,一直蹭,最后比我们还先玩,真的很过分,当时觉得教育真的很重要。(A1)
>
> 我游玩的时候也看到吵架的情况,但是因为不是在我排的队伍里,所

以没什么感觉,但是如果我在的队伍有吵架的话,真的很影响心情,本来排队就很烦。(A2)

有个小孩子想撒尿,但是卫生间不在附近,当时下过雨,地上潮湿,小孩的家长就带他到一个稍微偏的地方解决,这真的很影响环境,不文明。(C4)

在演出的时候,会有小孩子尖叫、乱跑,影响演出效果。(A4)

排队的时候会有人吃东西,如泡椒凤爪、妙脆角,而且会在地上乱丢垃圾,这真的让人无言以对。(A5)

有些人在排队时很没素质,很凶,在排飞跃地平线时跟前面的人聊天,然后就插队到前面去了,特别讨厌,很不公平。(B1)

小孩子插队的事情我也碰到了,而且很严重。排在我们后边的一个四五岁的小女孩,她妈妈告诉她往前跑,然后自己在后边追边喊"不要跑",就这样直接插队,真的是一场戏,很气人。(B2)

在翱翔项目排队中,由于太黑,有个小朋友想出去,不想在里面排队,家长拿出东西哄她,但是东西掉到地上之后,家长并没有捡起来,而是直接用脚踢到了旁边,这让我觉得地上很脏,会影响整个游玩的体验。(B3)

爱丽丝梦游仙境里有很多漂亮的宝石,有游客会去挖走那些宝石。(C5)

4. 商品纪念品

消费体验结束后,如何巩固和加深这份体验,是被很多研究者忽略的(Bigne et al., 2005)。Bigne 等(2005)提出消费者在体验中的购买行为,典型例子就是游客购买旅游纪念品,就是帮助自己的体验变得更有形。他们把这种行为称为体验加强,包括购买纪念品、拍照、收集纪念章等。这种行为的核心就是帮助消费者把他们喜欢的体验保留到日常生活中,消费者对体验越满意,保留的行为就越强烈(Dong & Sui, 2013)。

商品纪念品对于乐园游客来说,有着重要的纪念意义,是体验的延伸,为游客保留有形的回忆。Onderwater 等(2000)的研究指出,购买纪念品是旅游体验的重要组成部分。Gordon(1986)认为纪念品是提醒游客曾经拥有过与日常生活完全不同的体验,把自己和其他人区别开来(Littrell,1990)。Wallendorf 等(1998)甚至认为旅游纪念品和商品是旅途中最有价值和意义的部分。Swanson(2004)认为纪念品把无形的体验转化为有形的纪念。

迪士尼乐园在这个方面做得非常成功。他们推出了迪士尼徽章,游客可以在乐园里购买,或者用已有的徽章和工作人员交换。迪士尼徽章已经成为最受欢迎的纪念品之一,很多游客都有收集徽章的习惯。2008 年北京奥运会的时候,香港乐园推出了一套限量版的马术徽章,被一抢而空。另一方面,与迪士尼人物合影是乐园中最重要的游乐项目之一,旺季时,游客经常需要排队半小时以上才能等到和米老鼠、白雪公主这些人物合影。本次访谈中,多位受访者表示不会购买上海迪士尼乐园的商品,因为价格高而质量一般,但大部分人表示喜欢在乐园里面拍照留念。

网红的火鸡腿,排队太长了,只能放弃。每一个项目出来就是一个商店,只是简单买了一些纪念品。(A1)

每个园区主题不一样,会有不同的手摇纪念币,十块钱一个,这个比其他商品有趣一些,我总觉得迪士尼的商品性价比不高。(C1)

在城堡纪念品店,我看到了水晶鞋、南瓜、耳钉等偏女性化的商品,但我只是看了看,并且拍了一些照片,没有购买,因为它们的价格实在太贵了,并且也没有计划买东西。(A3)

我们去之前做了攻略,知道园区里面的东西很贵,所以自己带了一些吃的,但是买了爆米花,因为实在是太香了,并且装爆米花的壳子太可爱了。(A5)

我在迪士尼园区买了一件卫衣,一顶大眼怪的帽子,可惜的是唐老鸭的商品卖完了,之后我们"中毒"太深,专门跑到陆家嘴的迪士尼商品专卖店,那里的商品比较便宜一些。(A5)

迪士尼里面的气球让我觉得"哇,超好看,哇,超级贵,算了"。但是气球下面有铭牌,上面有自己的名字,特别可爱,好看。(A6)

迪士尼商店里的一些商品不符合中国的传统文化,比如,有些帽子是绿色的,很奇怪。(B2)

我觉得迪士尼商店里的商品价格是贵的,是"对不起"它的价格的。(B4)

我觉得商店里的东西太贵了,一般的商品都要在100元以上,远高于我们平常买的纪念品的价格,并且质量也有待提高。(C6)

商店里商品的陈列有点问题,比如,世界商店里新商品上架之后,不会告诉游客这是新商品,而是要游客自己去寻觅,这会让人错过很多上新的东西。此外,一些商品存在质量问题,比如,有些商品版权是迪士尼的,虽然样式等是一样的,却是不同公司生产的,这样我觉得不太合理。(B3)

相对于园区内的商品,我觉得园区外迪士尼商店里商品的种类及价格更好一点。此外,在迪士尼小镇的商店虽然很大,但是缺乏明确的标识,圆形让人很没有方向感,并且灯光较暗,给人的整体感觉不太好。(C3)

在迪士尼里面,建筑和植物的细节方面做得特别好,几乎每个角角落落的景色都可以直接放到朋友圈里。(A2)

我喜欢在乐园里和各种自己以前在电影里看到过的卡通人物拍照,太有意思了。(C1)

园区内会有很多可爱的卡通人物,但是与他们合照排队太长了。(A4)

每个项目都要抓拍游客的表情,买了一卡通,所有的电子照片都可以下载,但是打印照片要99元一张,感觉比较坑。(C5)

我觉得徽章交换特别好,可以让迪士尼的忠实粉体验到不同的徽章等。(C2)

三、体验价值相关理论回顾

(一)体验价值的定义和内涵

如何为消费者创造体验价值是体验管理中的核心问题(Mathwick et al., 2001)。有些研究者把价值等同于质量(Fornell et al., 1996),有些研究者从消费者满意度和忠诚度角度看待价值(Babin & Kim, 2001;Patrick et al., 2001),有些研究者把价值简单等同于性价比(Dodds & Monroe, 1985),但这些角度都太为狭窄。Holbrook(1994)详细分析了消费者体验价值的内涵。首先,体验价值是一种偏好、一种爱好的倾向性、喜欢程度、积极的情绪。其次,价值包含了主观-客观的互动,是消费者和产品服务的互动。最后,体验价值是非常主观的判断,不同消费者的评价不一,消费者会进行价值比较。Holbrook(2006)总结认为体验价值的内涵是互动的、累计产生的、主观体验的。Keng等(2009)把体验价值视为消费者在消费体验中感受到的价值。Mathwick等(2001)把体验价值定义为消费者与产品服务的互动中,包括对产品服务的直接使用和远距离欣赏、消费者获得的感知。Helkkula等(2012)指出体验价值在互动中产生,与消费者过去的经历有关。

更多学者开始在不同情景下探索体验价值(Mathwick et al.,2001;Zhang et al.,2009;Lin et al.,2014)。Sheth等(1991)总结了驱动消费者行为的五种价值要素——功能要素、条件要素、社会要素、情绪要素和知识要素。Amoah等(2016)总结了体验价值三个关键词——消费者融入(customer engagement)、体验共创(the co-creation of experiences)和消费体验(consumption experiences)。Amoah等(2016)的研究发现,体验价值对消费者满意度和行为意向有着积极影响作用。

(二)体验价值的构成维度

体验价值的核心问题是,"影响隐形体验机制感知的因素到底是什么"(方征,2007)。解开这个谜团的关键就在于探索体验价值的构成维度,这也是研讨体验价值、体验满意度和消费者行为意向之间关系的理论前提(张凤超&尤树洋,2008)。只有了解体验价值的维度,才能帮助企业更好地为消费者服务。

Sheth等(1991)的体验价值模型包含了五种价值。第一种是功能性价值,即产品的实用性功能和物理性能。第二种是社会性价值,即消费者在社会群体中获得的感知价值。第三种是情绪价值,即一切和情感情绪有关的价值。第四种是知识价值,即消费者获得教育,好奇心得到满足,求知欲被激发。第五种是条件价值,即消费者在特定场景下的选择。Ruyter(1997)提出体验价值包含外部价值、内部价值和系统价值。外部价值即功能性价值,内部价值是消费者在情绪上获得的价值,系统价值是消费者对于整个消费过程中付出和得到的比较。此模型建立在三个假设上。假设一,消费者的选择取决于价值。

假设二，不同情景下，消费者会选择不同的价值。假设三，不同消费者对体验价值的判断是独立的。王溯等(2006)提出了体验价值层次模型。最底层的临界体验是产品的功能，如果这些都没有，那么消费者会产生负体验，临界体验是基础。第二层是足值体验，是消费者的期望，融入体验后产生的感觉，是"参与体验"。第三层是超值体验，是消费者达到了自己的目标，沉浸在体验中。最高层是溢值体验，是消费者满足了自我实现，并留下令人难忘的回忆。Michie(2005)的体验价值模型分为实用性价值、享乐性价值和象征性价值。这里值得一提的是象征性价值，是消费者在消费中，认为产品或服务能带来自我形象、社会地位、群体归属感的提升。Aho(2001)把体验价值划分为情感体验、教育体验、实践体验和重塑体验。Lemke等(2011)提出了体验价值的测量应该考虑到产品类别、卷入度、产品复杂性和理性。

Mathwick等(2001)把体验价值分为外在价值和内在价值。外在价值更多的是指产品或者服务的实用功能性价值。内在价值强调的是消费者对体验本身的欣赏，而不是体验带来的具体功能或结果。基于此，Mathwick等(2001)提出了零售业体验价值的四个维度——服务质量、审美、好玩、性价比。服务质量是消费者对整体服务能否满足需求的基本判断。审美是消费者对环境布置和氛围表现出的欣赏(Olson et al., 1972)，包含视觉吸引力和娱乐：视觉吸引力是指那些设计、布置、摆设等；当消费者觉得某次购物体验不只是满足购物需求，还有体验本身带来的感受，这就是娱乐性。好玩是让消费者逃离乏味的日常生活(Unger & Kernan, 1983)，包含了享乐和逃离：享乐是消费者能够愉快地玩耍，逃离是帮助消费者暂时摆脱沉闷的日常生活。Oh(2008)基于Mathwick等(2001)的体验价值模型，通过对消费者在不同购物渠道(线上、线下或多渠道)的购物分析，发现那些感受到更多享乐体验价值的消费者满意度和再次惠顾意愿更高。Yuan等(2008)认为体验价值有两部分——功能性和情感性。功能性的体验价值就是一个主题乐园应该给游客传递的基本服务(Berry et al., 2002)，情感性体验价值就是那些消费者感受到的愉悦和体验。主题乐园是否真的关心游客？主题乐园的员工是不是满怀热情地让游客融入其中？

Amoah等(2016)提出了体验价值的七个维度。第一个维度是享受。享乐是消费者体验到了好时光(See-To et al.，2012)，是消费者的要求得到满足，体会到意外的惊喜(Abuhamdeh & Csikszentmihalyi，2012)。一些学者研究了享乐这个维度的前因变量，包括期望中的效用、部分超出期望的属性(Wong et al.，2012)、积极融入体验(Lin et al.，2012)。期望中的效用是消费者的内化动机，是对产品和服务效用的最低要求；部分超出期望的属性是外在动机，给消费者带来超越他们期许的积极影响力(Wong et al.，2012)。积极融入体验是消费者心理上和精神上的积极参与性，是能获得享乐的重要前提条件(See-To et al.，2012)。第二个维度是娱乐。最早是 Pine II 和 Gilmore 两位学者(1998)提出了这个维度，Hosany 等(2010)把娱乐定义为个体在体验中的被动卷入。第三个维度是逃避。逃避使得消费者能短暂地完全沉浸在体验中，忘记自己是谁(Hosany & Witham，2010)。在旅游业，逃避是非常典型的体验价值(Amoah et al.，2016)。第四个维度是氛围。Holbrook(1994)指出氛围包括设计、布置和环境摆设等，代表了整个环境的审美程度。第五个维度是效率。效率能否及时、迅速完成，不浪费时间和资源(Amoah et al.，2016)。第六个维度是服务质量。第七个维度是经济价值，即消费者对所付出的金钱和非金钱代价的评估。

Otto 等(1996)提出六个基本维度，包含安全、舒适、新奇(逃离世俗)追求、社交、享乐和追求刺激。他们的研究还指出了酒店行业的四个体验价值维度，包括享乐、安宁、涉入度和认可。Holbrook(1999)把体验价值分为八大类，包括卓越、地位、效率、尊重、游戏、审美、伦理和心灵。Kao 等(2007)通过对台湾篮球联赛观众的实证调研，提出了三个体验维度，即惊喜、参与和沉浸。Cole 等(2004)通过对动物园游客的实证研究，提出了三个维度——娱乐、教育和社区。Jin 等(2013)和 Kao 等(2007)提出了沉浸、惊奇、参与和有趣这四个维度。

张凤超等(2008)把体验价值维度模型总结为三类。第一类是内省式体验价值维度模型。此类模型是基于分析消费者内心而形成的，强调消费者的感知技能和挑战能否匹配，关注消费者的最优心理状态。第二类是关联式体验价值维度模型，如 Mathwick 等(2001)的模型，关注消费者和消费情景之间的关联性。这类模型帮助企业为消费者创造体验场景，有利于对体验价值进行定量分析。第三类是层次式体验价值维度模型，是基于马斯洛需求层次理论创立的,典型代表就是范秀成等(2006)。这些学者认为体验价值有层次差异,从低到高为功能性价值、情感性价值和社会性价值。不同情景下,消费者对这些价值的判断并不相同,消费者最终对体验的满意程度取决于不同体验层次的满足程度。表 4.3 总结了体验价值的维度。

表 4.3 体验价值的维度

资料来源	研究情境	体验价值维度
Lin et al., 2014	国际鲜花展	吸引力、享受、刺激、愉悦、放松
Mathwick et al., 2001	网络和目录购物	好玩、审美、消费者性价比、服务质量
Mathwick et al., 2002	网络和目录购物	效率、经济价值、购物享受、视觉吸引力、娱乐、服务质量
Brakus et al., 2009	品牌体验	感官、智力、情感、行为
Pine II & Gilmore, 1998	体验经济	教育、逃避、审美、娱乐
Prebensen et al., 2014	旅行	动机、卷入、旅行知识
Wu & Liang, 2009	奢华酒店	环境、员工表现、消费者互动
Zhang et al., 2009	赌场酒店	审美、娱乐、效率、服务质量、社会互动
Amoah et al., 2016	民宿	享受、娱乐、逃避、氛围、效率、服务质量、经济价值
Chiara, 2007		实用性、认知、生活方式、感觉、情感、关联

(三)主题乐园的体验维度构成

基于文献综述和焦点小组访谈,本书提出主题乐园体验价值的四个维度:好玩(playful)、真实性(authenticity)、沉浸(immersion)和想象力(imagination)。

1. 好玩

在讨论好玩(playful)之前,很多学者有一些关于它的词根,也就是 play 的研究。在本书里,作者把它翻译为玩。关于玩的理论有很多,甚至有一些是自相矛盾的(Yarnal, 2004)。有些学者认为玩是因为人类精力过剩而被创造出来的,有些学者认为玩来自放松的状态,有些学者认为玩是一种积极的唤醒状态(Yarnal, 2004)。Assael(1998)指出消费中的好玩是消费者使用产品来满足自己的幻想和情感。Kuo等(2016)把好玩定义为游客感受到好奇、刺激和有意义。Ahn等(2007)的研究指出,个体与所处环境的互动能够带来享受和好玩。Kim等(2006)把好玩的内涵扩充为专注、好奇和享受。玩可以发生在任何时刻、任何地点。人们去打高尔夫球,其中的好玩性贯穿于消费者购买高尔夫会籍、准备球杆球衣、选择俱乐部、开始练习、与其他会员沟通等整个过程中。Maxwell等(2005)对成人在工作中感受到好玩的研究中发现,当成人感受到好玩时,能减少压力、提高工作满意度。Chang等(2013)指出好玩性带来积极的情绪,产生人生满意度。

早期关于好玩的研究主要集中在信息技术领域。Ahn等(2007)在电商零售语境下,指出好玩能够帮助消费者获得更好的体验,保持积极愉悦的心情。好玩能增加客户和企业之间的互动,激发消费者的好奇心和专注力。Liu等(2000)指出电子商业要成功,设计的网站必须具有好玩性。Hsu等(2012)的研究发现如果网站能使消费者感到好玩,会提高消费者满意度和再次惠顾意愿。Kim等(2006)对于迪士尼乐园网站的研究指出,这个网站包含了大量好玩的信息和应用,通过各种游戏使得消费者感受到这个公司的本质就是充满乐趣与好玩。

后来好玩被引入旅游业,不少学者在不同语境下进行了研究,包括野生动物旅游、黑暗旅游、探险旅游和鬼屋旅游(Beedie,2001;Curtin,2005;Holloway,2010;Stone & Sharpley,2008)。这些研究都主要集中在好玩对满意度的影响上(Hsu et al.,2012)。Yarnal(2004)的研究发现,那些在旅游中体验到好玩的游客更愿意重返此地。Simoni(2014)指出当游客感受到好玩、享受和有趣时,会觉得自己和目的地之间有关联,而这种关联能带给游客更多的融入和趣味(Kuo et al.,2016)。Yarnal(2004)通过研究团队游轮游客的行为指出,团队游轮游客选择游轮很大的一个原因就是他们觉得自己在一个有趣好玩的团体中。

Arrasvuori等(2010)认为大部分的好玩体验来自消费者并不是很有目的地使用产品或者服务,从中得到欢乐。在设计产品或服务时,企业经营者就应该考虑到如何让体验变得好玩。Arrasvuori等(2010)通过对手机用户体验的调研发现,要让消费者获得好玩的体验,除了设计和产品以外,最重要的是互动。在主题乐园中，游客和乐园员工的互动是带给游客欢乐的重要元素。Korhonen等(2009)通过对游戏的研究，试图挖掘出消费者如何从体验中获得愉快。他们提出了一个好玩性体验的框架PLEX(playful experience)，里面包含了20个种类的好玩，Arrasvuori等(2010)又新加入2种。

在本书的3组焦点访谈中，很多受访者多次提到了好玩。

> 第一次去迪士尼是周五去的，本以为人不会太多，但是一整天也没玩到几个项目，当时觉得自己不会再去第二次，因为里面的项目不够刺激、惊险，不太适合我。后来在姐姐的强烈要求下去了第二次，这次比第一次好玩很多，因为项目比较熟悉，知道怎么安排计划，所以整体感觉更好玩。(A1)
>
> 下午的花车游行是一个比较有特色的项目，每一个人物和我们击掌，非常有趣好玩。(C1)
>
> 探险项目可以选择难易程度，我们选择了最难的等级，我担心影响他人，所以走得很快，但是等我走完之后才发现自己离后边的人很远。我觉得这个项目挺刺激的，模拟特别真，并且对这个项目印象特别深。(A3)
>
> 创极速光轮这个项目好玩，这是我们唯一二刷的项目，因为都已经二十多岁了。我觉得其他各种项目是一种情怀，勾起了儿时的回忆。(A5)
>
> 对我来说，迪士尼就是个让人一进去就觉得开心的地方。(A6)
>
> 这里的游玩项目太好玩了。(B1)
>
> 万圣节那个巡游，就是晚上的一个巡游，新鲜感还是蛮高的……感觉好有意思。(B2)
>
> 小孩子玩了巴斯光年四次，就在里面一直循环，玩了小半天，家长累了，孩子还很兴奋。(B4)
>
> 上海迪士尼给我最大的感觉是新奇好玩，让人觉得很意外；有很多高科技的应用，让我觉得上海迪士尼是全国最好的乐园。(C5)

2. 真实性

真实性这个概念最早来自建筑、历史等行业。消费者在主题餐厅、社群、网络游戏中寻找"真实的消费体验"(王新新 & 刘伟, 2010)。MacCannell (1973)最早提出旅游业的"舞台真实性",指出旅游的重要动机之一就是追求真实性。对于很多偏远的目的地,真实性甚至是它们的主要竞争优势。很多学者把真实性视为游客的驱动力、动机、兴趣、旅游决策的重要影响因素(Grayson & Martinec, 2004)。Getz(1994)就指出,"真实性对游客而言有驱动性",更重要的是真实性是可以控制和管理的。Firat 等(1997)总结说,追求真实性体验是很多消费行为的特征。体验真实性是消费者体验模型中的符号性体验,对应的是 Wilber(1991)意识谱中的精神需求。

叶顺(2015)把体验分为认知和情感的,并开发了乡村小型接待企业的游客体验真实性量表。认知体验代表着"游客与真实世界的接触",是关于游玩对象的知识和了解。游客总是希望能看到新奇的、真实的、带来超凡感受的对象,特别是这些对象与日常生活有一定的"时间距离和文化距离"。情感体验是游客与旅游对象接触中,产生的互动和情感。这两个方面都与真实性有关(叶顺, 2015)。Fine(2003)提出真实性包含了真诚、天真、原版这些内涵,而 Kennick(1985)提出真实性包含存在性(reality)、确定性(truth)和真正性(genuine)。Kolar 等(2010)在文化旅游语境下,通过实证研究证实了真实性与游客忠诚度积极相关。Cho(2012)的研究也发现真实性与游客满意度正面相关。Chandralal 等(2013)对去澳大利亚旅游的游客的调研发现,很多被试者提到感受当地的真实文化是美好回忆的重要部分。在旅游体验的真实性研究中,有两个重要的问题:真实的游玩对象是什么和真实的体验到底是什么(叶顺, 2015)。Wang(1999)和王新新等(2010)总结了三种真实性:客观的真实性、建构的真实性和存在的真实性。

(1) 客观的真实性(objective authenticity)。对于部分游客来说,体验的客观真实性是他们所追求的(Wang, 2007),比如历史文化遗迹、博物馆游览等。Urry(1990)提出这种客观性的追求源自游客的"凝视"(tourist gaze)。这些游客追求的是,旅游对象是原版客观的,不是赝品或者复制品。这种视角强调游客追求的是事物的"原物"(original)。比如,游客到贵州的苗寨观看民俗表演,他们追求的就是当地传统文化的真实性。MacCannell(1976)指出,一般这种真实性可以依据是否由当地居民创作或表演来判断。

MacCannell(1973)把旅游的情景分为前台和后台,后台才是真实性的体现,是本来的当地生活。前台只是被创造出来满足游客需求的。所以,游客追求的只是真实的表演而已,并不是真实的当地生活。Cohen(1988)从经济学的角度解释了这个现象。对于很多旅游目的地而言,主要的旅游吸引物就是这些当地的民俗、服饰、工艺品、美食等,所以当地居民通过表演把这些呈现给旅游者。

一般来说,这种体验真实性的判断是有客观标准的,可以由专家来评判。但在很多情况下,那些被专家判断为是表演的旅游吸引物,游客却认为是真实的(叶顺,2015)。游客评价真实性的方法,是从他所经历的一切中寻找线索(Grayson & Martinec, 2004),包括以前的旅游经验、自身的教育文化背景、事先对旅游对象的了解(Cohen, 1988),还有就是游客与旅游对象的接触和互动(Wang, 2007)。只要游客认为他们所感受的旅游对象是真实的,那么"他们的判断就是事实"(Cohen, 1988)。游客认为所经历的是真实的,比事实上是否真实要重要得多。在迪士尼乐园里,很多小朋友相信王子公主是真实存在的,他们与扮演公主、王子的工作人员合影,这种真实就是乐园经营方所追求的。Kolar等(2010)把这种视角称为"基于消费者的视角"(consumer based perspective),提出客观的真实性不是旅游对象是否是真的,而是游客如何评价它们的真实性,包括了旅游的景点、民俗文化、特色餐饮等(Brown & Patterson)。所以真实性是关于程度的判断,不同的游客可能对真实性的判断并不一致(Cohen, 1988)。当小朋友相信公主是真实存在的时候,他们同游的父母很清楚地知道,这一切都是乐园经营方创造出来的。上海迪士尼乐园是一个虚构的童话世界,但是是一个原版的迪士尼乐园。

(2)建构的真实性(constructive authenticity)。建构主义认为,"绝对客观真实存在和保持静态不变的事物是不存在的"(Wang, 1999),追求事物的"原物"是有争议的(Bruner, 1994)。建构主义把真实性视为游客基于自己的需求和所处的环境,通过与旅游对象互动而建构出来的,是游客对旅游对象的一种解释和判断。

基于消费者视角,游客有不同的真实性判断标准。首先,游客和专家不同,他们心里可能很清楚知道某个旅游对象并不是真品(叶顺,2015)。比如,很多游客到苗寨观礼一场苗族婚礼,游客知道这场婚礼有很强的表演性,但他们感兴趣的就是这个"仿真品",因为游客并不可能花时间去等一场真的苗族婚礼。其次,游客可能受到大众媒体或者其他传播渠道的影响(Bruner,1991),对旅游对象有自己的期望和刻板印象,并会把这些信息投射到旅游对象上,贴上一个标签。真实性就变成了"符号性的真实性"(叶顺,2015)。真实性不是独立存在的,而是与游客的记忆、经历、期望、信念一起构成的。真实性不是绝对的,是相对存在的,是可协商的(Cohen,1988)。因此,建构的真实性不是基于旅游对象的客观现实,而是基于游客自己建构的符号。Kolar等(2010)指出建构的真实性是"这些对象能多大程度地激发人",而不是有多接近原版。游客追求的真实性是否真的与旅游对象有关呢。Brown(1996)提出了质疑,他认为人们并不在乎对象是否真实,他们追求真实的赝品。Cohen(1995)总结了两个原因:第一,游客更追求享乐;第二,游客对于旅游对象有深入的了解,他们愿意接受对象并不是真实的,而是更贴近真实的赝品,消费者喜欢幻想与现实、真实与虚假的结合(王新新 & 刘伟,2010),这种矛盾带领消费者进入亦真亦假的境地,获得超凡体验。

叶顺(2015)总结了客观与建构真实之间的区别。第一,客观主义强调对象的客观真实,建构主义认为真实其实是符号性的。这是一种视角的变革。第二,前者假设游客追求原版,追求客观的真实性。后者假设游客追求符号真实,追求自己构建的意义,而不是旅游对象本身是真实的原版。重要的是旅游对象激发出的真实性(Kolar & Zabkar,2010)。第三,建构主义的真实性是主观而内化的。这两个视角尽管有分歧,但这两者的真实性都与旅游对象有关,Wang(1999)把它们称为"与对象有关的真实性"。

(3) 存在的真实性(existential authenticity)。与前两者不同,存在的真实性与旅游对象无关,与游客体验有关(Wang,1999),是由旅游活动激发的。游客并不关心对象是否真实,他们希望通过旅游活动找到真实自我(叶顺,2015)。可以把存在的真实性定义为"游客接触到真实自我的程度"(叶顺,2015)。Wang(1999)认为这种真实性起源于人们的怀旧和浪漫情怀,是一种渴望挣脱现实的欲望因素。在现代社会里,人们受到很多制约和束缚,希望在旅游中释放天性,改变日常生活。哪怕他们心里非常清楚,这些释放和改变是暂时的和象征性的。在迪士尼乐园里，很多成年人虽然知道这个仙境是虚构的，但他们沉浸其中，忘却真实的世界，把自己融入童话世界。

Wang(1999)进一步把存在的真实性分为两个维度：个人维度和人际维度。个人维度的真实性强调个体的感官感受，如身体愉悦。现代社会要求每个人是理性的，甚至是程式化的和可预测的。在旅游中，人们追求对自己身体有更多的自我控制和天性的释放。他们希望进入一种更轻松、愉悦、放松的状态，得到日常生活无法得到的满足。人际维度是人际关系体验的真实性。Wang(2007)称其为"互动的真实性"，即游客不考虑现实生活的差异，在旅游环境中，更友好真实地彼此相处。家庭旅游就是一种典型的人际真实体验方式(叶顺，2015)，和亲密朋友同游也是一样。还有一种人际关系真实体验存在于旅游提供商和游客之间，虽然这种旅游主-客关系不如家人和友情那样亲密，但很多时候也不只是基于金钱的一种交易。这种带着友好和爱的人际关系体验的真实性是很多旅游企业希望创造的(Wang, 2007)。在迪士尼乐园，所有的员工都把自己称为演员，而不是员工。

在消费环境中，消费者面临着无数的选择，很多消费选择发生在人为设置的舞台上，即服务提供商创造的场景中。对于这些服务商而言，如何创造出体验的真实性是成功的重要环节(Pine II & Gilmore, 2011)。Baudrillard(1989)指出很多消费体验缺乏深度性、原创性和起源性。体验真实性可以是真实的，也可以是被创造出来的(Cohen & Cohen, 2012)，只要消费者相信即可。Beverland(2005)总结道，真实性可以存在于事物本身，可以存在于事物和某段历史之间，可以存在于自然中，也可以由经营者和消费者创造。在旅游业，很多学者强调了消费者感知真实性的重要。游客感知到的真实性受到很多外界因素的影响，如个人背景、媒体、营销广告、游玩目的地的具体表现等(Chhabra et al., 2003)。

多位研究者强调，要在特定的背景、时间点、地点和对象的参照下理解真实性(Cole, 2007)。现代主题乐园的发展就是依赖于真实性的创造和过去的重现(Rubin, 2013)，但关于乐园的真实性并没有统一的判断标准。Milman(2013)指出要了解游客是怎么看待他们的体验和这种体验是如何影响他们的总体游玩。Milman(2013)对佛罗里达迪士尼万国主题乐园的实证研究发现，体验真实性是可以被创造的。在乐园里游玩时间更长的游客,他们暴露在乐园的环境和细节下更久,更认可舞台的真实性。前文已经大量讨论了什么是主题乐园,乐园的设施吸引物、服务等。事实上,乐园游客更感兴趣的是整个乐园呈现的氛围的真实性。大部分去迪士尼乐园游玩的游客都很清楚这是虚构世界,但是乐园创造的接近于童话世界的真实性,是乐园最大的魅力。华特在设计世界上第一个迪士尼乐园时,他的梦想就是建立一个乌托邦世界,为人们展示一个充满梦想和希望的世界,是与世隔绝的。很多成年人来到乐园,就是为了对抗现代生活的各种压力和紧张。客观真实性是游客觉得主题乐园物理环境和布置的地道程度,能否反映游客内心的期盼。建构体验真实性是游客感知到的乐园游玩是不是能激发情感,具有启发性。存在真实性是游客在游玩中能在多大程度上感知到真实的自我,能否摆脱现实生活的阶层和压力。

迪士尼要求园区内的景观"虽为人造,宛若天成"(《财经天下周刊》,2017)。为了模拟出一块被水流长时间冲刷的石头,设计师们就用水枪长时间冲刷石头。加勒比海盗景点中的沉船发生在1730年,设计师们花费了大量时间研究如何展示出它历经风雨的样子,包括船木上的纹理、岸边的青苔。虽然大部分游客不能一一体会这些细节,但场景和道具的逼真程度能让游客瞬间转移到新的世界。在小组访谈中,很多受访者也谈到了这点。

> 主建筑那个城堡还原度高,明日世界的建筑很符合这个主题。(A5)
> 科技和特效带来的视觉上和体验上的真实震撼,让我觉得没有白来。(C4)
> 景色和建筑还原度高,细节处理很到位,360度背景都适合拍照发到朋友圈。(C6)
> 在探险岛片区,它的地面做成了南美山的感觉,有树叶做成的印记,感觉是你走在那边探险,踩到了树叶之后留下的印记,每片叶子的形状也不相同,这种细节会给人一种逼真的感觉。(A2)
> 进入迪士尼感觉像进了一个城堡似的。(B4)
> 我在"加勒比海盗"排队时候,还是蛮闷的,因为它那个本身设计就是

一个海盗的山洞吗,潮潮闷闷的。(A5)

进入迪士尼之后,原来只在动画片里面或者书里面看到的人物都已经在你的面前了,比如第一次在翱翔项目里,我真的"哇"叫出来了,就像是在真实的情境中一样。(C1)

万圣节反派大巡游,其实也是三辆车,三个人,但是气氛还是蛮好的,让人能在上海感受到真实的异域文化。(B6)

3. 沉浸

沉浸(Immersion/Flow),也可以称为流体验,在体验理论中被广泛提及。最早由 Csikszentimihalyi(1975)提出,是指人们完全投入的一种状态,忘却了自我和时间。

国内外关于沉浸体验的研究有很多,丛芳(2008)从三个角度归纳了沉浸体验的定义方法。第一种是描述性定义,这种定义把沉浸体验描述为一种状态,当个体完全沉浸在体验中,他们被深深吸引,忘记了时间的流逝,心情愉悦(Kao et al., 2007)。Ghani 等(1994)总结了沉浸体验的两个特征:完全沉浸和获得愉悦。第二种是过程性定义,这种方法把沉浸视为一个过程,讨论其产生的条件、发展过程和最后结果。Novak 等(1999)将沉浸体验的特征归纳为条件因素(明确的目标、即时的反馈和挑战技能平衡)、体验因素(知性合一、控制力和全神投入)和结果因素(丧失意识、时间遗忘和自成感受)。第三种是功能性定义,把沉浸体验视为当个体的技能和所面临的挑战达到平衡时获得的状态(Leone & Burns, 2000)。那沉浸体验到底是如何产生的?任俊等(2009)总结为沉浸体验的本质是精神世界,是个体的意识在自我和外界间达到平衡协调的状态,而这个状态是幸福而令人满足的。

Csikzentmihalyi(1975)总结了沉浸体验的九个构成特征。第一是个体的能力与挑战相匹配。如果挑战的难度大于个体的能力,那个体会有焦虑感;如果挑战的难度小于个体的能力,那个体会产生厌倦感。如果两者都较低,那么个体不会有什么体验。如果两者都较高,那么个体很有可能获得沉浸体验。第二是目标明确,明确的目标才能使得个体长时间地集中精力,获得沉浸体验。第三是即时反馈,那些令人满意和愉悦的反馈帮助人们意识到自己的目标是有意义的。第四是全神贯注减少干扰,集中所有的精神在目标上。第五是控制感,个体主动控制外在环境,不在乎也不害怕失败。最早关于沉浸体验的研究都集中在运动员,特别是极限运动员身上,如攀岩和赛车(Sato, 1988)。第六是行动和知觉合二为一。当个体的意识和行动融为一体,高度集中,就不会被外界所困扰。第七是意识丧失,个体忘记了自我的身份,全情投入。第八是时间遗忘,完全意识不到时间的流逝,个体对时间没有正确的判断。第九是自成目标,沉浸体验中的目标完全是为了自我,而不是得到别的益处。

沉浸体验把体验视为一体,包含体验中的一切要素,最终目的是为消费者创造难以忘怀的回忆(Caru & Cova, 2006)。Ladwin(2002)指出不应过于强调感官体验对情绪的影响,要用更全面一致的角度去看待体验,把体验视为愉悦的沉浸。消费者不是简单地获得产品或者服务,他们追求的是在不费吹灰之力的情况下,服务提供商为自己提供的精心布置的体验场景和令人兴奋的体验元素(Firat & Shultz, 1997)。沉浸体验是一种即刻产生的体验,在产生的刹那间,消费者脱离了日常生活的身份和地位,在体验世界里暂时获得了新身份(Caru & Cova, 2006)。

怎么引发沉浸体验? Caru等(2006)提出了三种方式,筑巢(nesting)、探查(investigating)和镶嵌(stamping)。筑巢就是要让消费者感受到他们和环境之间没有"距离感",排除一切阻挡消费者获得体验的外界事物。消费者要能感受到被包围在一个封闭的安全的体验场景下,可以尽情享受和沉浸。在体验过程中,不可能每一个时刻都是令人沉浸的,好的体验是由数个令人沉浸的体验片段组成的,当中也穿插着一些相对不那么激烈的片刻(Caru & Cova, 2006)。探查是消费者愿意去探索新鲜的事物,延展自己的认知范围。在这种方式中,需要有人引导消费者,就好像音乐会上的指挥家、探险活动中的领队;同时,要有仪式感。镶嵌是消费者能把自己彻底融入镶嵌到体验中,把体验个性化。这种方式对服务提供商来说是最难做到的。因为这需要消费者主动赋予体验意义。

沉浸体验的通道理论模型主要关注个体能力与挑战的匹配程度,主要有三通道模型、四通道模型以及八通道模型。三通道模型包含了沉浸体验、焦虑和厌倦这三种状态。Novak(1997)认为高能力高挑战、低能力和低挑战都能产生沉浸体验。但Rupayana(1998)的研究指出低能力和低挑战会让个体产生厌倦感。四通道模型根据能力高低和挑战高低,提出了四种通道,指出沉浸(高能力高挑战)才能产生沉浸体验。八通道模型进一步把前面的四种状态细分为八种,增加了唤醒、控制、担忧和放松四个状态(Novak,1997)。

沉浸体验的相关研究目前广泛集中在教育、艺术和运动等领域(杨锴,2011)。Moneta(2004)对于中国香港和美国学生的研究发现,沉浸体验有着跨文化差异性。Carr(2004)提出,有些人更容易产生沉浸体验,他们称这些人为"自带目的性人格"。这些人与他人比较,更容易享受生活、关注自我,较少在意外界的驱动。杨锴(2011)总结道,沉浸体验能增加人们对活动的满意程度,提高积极情绪。邓天白(2013)在对节庆活动的参与者访谈中,发现很多受访者追求一种全投入体验,即在特定的载体中、社会的准许下,人们超越日常生活和行为规范,完全沉迷和投入一种体验。

在小组访谈中,很多受访者也谈到了这点。

> 迪士尼对于游乐项目和场景的布置是非常注重细节的。比如,在加勒比海盗项目外那个染色的池,是和电影里面一样的;还有其他许多项目,人物的构成、建筑的样式和电影是一模一样的,这些可以给游客带来沉浸式的体验。(B4)
>
> 我喜欢迪士尼乐园,是因为里面的细节做得比较好,无论是染色的水,还是隐藏起来的电线,无时无刻不在给人创造一个梦幻的世界,让人身临其境,有代入感,让人远离现在的社会。(C2)
>
> 看烟花的时候非常专注,觉得非常好看。(A6)
>
> 在园区里玩的时候一直觉得很开心,尤其是看那个烟花秀的时候,觉得很感动、很沉醉。(A5)
>
> 迪士尼商店里的东西都特别可爱,我们看着看着忘记了时间,差点没赶上下一个烟花项目。(B2)
>
> 迪士尼里面的动漫人物会给人一种情怀满满的感觉,我去了精彩奇航项目,晚上坐着船过去,让我很激动,觉得与自己有很多的共鸣。(A2)

迪士尼乐园里面除了探险,其他项目一点都不刺激,和攻略有较大的不同,所以会有一些失望。不过整体来说,一直处在一种很兴奋的状态,完全忘记了时间。(A4)

"现在水晶的力量已经感动了你,请你带着这个力量去感动全世界。"这些字随着门一点一点打开而慢慢变亮,那一刹那真的让人感动得流眼泪,我觉得自己要对这个世界好一点,要爱这个世界,会有一种大爱的感觉。(B6)

在城堡前面有人卖气球,那个感觉还蛮好,就是很美,让人觉得是在童话世界中。(B1)

4. 想象力

想象力(imagination)具有强大的价值,远超过科学可以解释的程度(Thomas,1999)。但在很长的一段时间里,想象力被认为是反科学的,缺乏理论基石。Thomas(1999)指出"想象力"这一词最早可以追溯到亚里士多德提出的"phantasia",被翻译为臆想、心理活动等,而且一直以来在人类的思考过程中起着重要的作用。18世纪以后,很多浪漫主义文学家把想象力视为审美创作的神秘来源(Kearney,1988)。Martin(2004)把想象力视为人类与生俱来的一种才能,包含了想象各种可能性的能力。Thomas(1999)强调想象力有着无比的智力影响力,一直存在于大众心理学中,饱含真知灼见,有着社会-文化甚至是精神意义。Hanlyn(1994)指出如果我们要想了解人们是如何经历想象的,需要先了解这些人。很多文学理论家研究读者在阅读小说时所经历的想象(Armitt,1996)。想象力就是冲破现实的边界(Armitt,1996)。Jackson(1981)认为想象和真实是两个独立不相容的领域,但是Iser(1995)反驳道,要唤起人们的想象力,需要现实世界和虚构世界共同激发。现实世界是激发想象力的根本,想象力并不是对真实世界的一种剥夺,而是转移(Martin,2004)。Thomas(1999)指出想象力受到过去的记忆、体验和个人背景的影响。有些人运用想象来逃避现实(Martin,2004)。

消费者行为领域,Holbrook等(1982)率先指出消费者想象力和白日梦的价值,指出消费者在体验中会运用自己的想象力去创造意义。因此,每个个体的想象力程度和积极参与度会影响对服务的评价。Sherry(1990)指出在消费过程中,想象力是重要的组成部分。Castoriadis(1975)指出在现代社会,想象力是一个很适合去解读个体的概念。他认为,现代社会创造很多的新产品去满足人们的欲望,就是因为想象力的影响。想象力帮助企业创造更多的产品,帮助消费者判断什么样的产品更好玩、更有吸引力。企业的营销者就是"梦想工程师",为消费者们在消费中创造想象的空间(Kozinets et al.,2002;Sherry et al.,2001)。唤起消费者的想象力,就是让他们暂时离开现实(Martin,2004)。Singer(1966)提出享乐型消费是运用想象力对真实世界的再次建构。Sherry 等(2001)指出当企业设计体验场景时,应该关注如何唤起消费者的想象力。

想象力在体验消费中有重要的作用,但每个个体对想象力的运用并不一样(Dong & Sui, 2013)。当一个人闻到宜人的香味,他可能不止感受到这种气味,而且能想象出这香味里包含的视觉、听觉和嗅觉。Hirschman 等(1982)提出关于这种香味的想象可能是让这个人回忆起了过去,也有可能是在他的脑海里构建了新的画面。消费者去游玩影视主题乐园时,可能会把相关电影的形象联想到乐园的体验中。Lee 等(2009)指出当个体去想象一个活动的各个方面,他们的积极情绪会被激发。想象他们即将经历的活动会带给他们高度的刺激和愉悦感。当消费者看电影时,可能会把自己想象成电影里的一个人物(Hirschman & Holbrook, 1982)。一个有趣的例子是很多抽烟者把自己想象为万宝路香烟广告中那个桀骜不驯、充满力量与肌肉的牛仔。Kozinets 等(2002)的研究发现,当消费者在观看耐克公司公告时,或许会想象自己像泰格·伍兹一样打高尔夫球。Snepenger(2004)总结了令人向往的旅游目的地有三个特点——白日梦、幻想和愉悦。

消费者不仅会回忆曾经的体验,还会对尚未来临的体验有所期待,想象力在其中起重要作用(Tyran et al., 1999)。Li 等(2008)的研究指出大部分去香港迪士尼乐园游玩的内地游客在入园前,都会有一个想象的画面,这些画面源于他们童年时代看过的迪士尼动画片和电影。他们的研究指出,消费者的背景、过去的体验、内在的特质倾向都会影响游客的想象画面。这种想象是真实场景和虚幻之间的交互,虚幻激发了想象,但这一切需要一个真实场景(Iser, 1995)。那些善于想象的游客更容易培养出积极感受,对服务体验有积极的评价(Dong & Sui, 2013)。物理舞台是相对稳定的,重复来玩的游客可能对舞台已经很熟悉了。交流舞台千变万化,一些不确定性能促进游客的想象力(Lee & Qiu, 2009)。Dong等(2013)通过对346位主题乐园游客的实证研究也证实了这一点,有想象力的乐园设计能够帮助游客创造更好的体验。

Martin(2004)指出虽然已有部分学者重视想象力的研究,但基本没有学者解释清楚在体验消费中,想象力的机制是如何的。他在交换卡片的游戏场景下,提出了一个模型去解释想象力是如何被唤起的;指出想象力发生有两个前提条件,一个就是前面提到的想象力倾向,还有一个就是个体的积极参与性,即他们有多么愿意积极参与想象的场景中。Martin(2004)总结了唤起个体想象力的四种主题策略。第一种是把形象具体化。白雪公主是童话世界里的人物,但是在迪士尼里,消费者能看到"真正的白雪公主"。2017年暑假的上海天气极其炎热,有一则关于上海迪士尼乐园的新闻报道写道(来自微信公众号"侬好上海",2017年8月7日):在乐园花车巡游时,扮演唐老鸭的工作人员中暑了,但是他坚持不在观众面前拿下头套。这就是迪士尼乐园为游客创造的乌托邦。第二种是润色策略,让游客自己为想象的人物和事件添加各种细节,让他们更为生动。第三种是扩张策略,让游客自由自在地去憧憬和想象,创造人物和事件。第四种是替代策略,游客觉得自己就是虚幻世界的主角。这一点在迪士尼乐园尤为被强调,每天进园的小朋友,很多都是穿着自己最心仪的卡通角色的服饰。在乐园里,他们的想象力会被进一步激发,把自己视为这个童话世界的一员。在本书的焦点访谈中,很多女性受访者提到了自己的公主梦,认为在迪士尼乐园里面会把自己想象成一位公主。

迪士尼唤起我的童心和少女心的快乐远大于劳累的痛苦。(A3)

这次去迪士尼游玩,算是圆了自己当小公主的梦想。(A4)

我觉得人生的意义就在于旅行,迪士尼游玩对我来说就是一次短途旅行,真的就像迪士尼打广告说的那样,它就是一个造梦的地方。(A5)

每个女生从小都有一个公主梦吧,在迪士尼拍拍照片,觉得也是圆了自己从小的公主梦。(B2)

迪士尼给我最大的感受是我喜欢它的卡通人物,还有迷幻的色彩让

人有种童心未泯的感觉，处在其中感觉自己像没有长大的小孩一样。(B4)

唤醒心中埋藏已久的童真，抛却烦恼，从离开乐园的那一刻重新出发吧。(C1)

我喜欢迪士尼是源于小时候关于动画片的一些情景和留念，至于乐园，它是把虚拟的事情变成现实的地方，在这里，小时候喜爱的一些人物会活灵活现地出现在你面前，这对我们来说是梦想成为现实的一个过程，因此我也更热爱迪士尼乐园。(B1)

首先，在迪士尼创造了和朋友们的回忆，其次，迪士尼真的会让人感觉回到了童年，就像很小很小那时候无忧无虑的情况。(C4)

感觉它的建筑、它的装饰、它的整个氛围，会让人年轻起来或者说可爱起来，回到童年这种感觉。(C3)

因为我是第二次去，比第一次从容很多，全程给我的感觉就是比较充实，很多项目也比较梦幻，让我重新做回了少女。(A1)

第三节　体验质量和体验价值量表开发

量表是管理学领域被广泛使用的测量工具，它最大的优点是能够比较准确地测量抽象的概念(袁方，1997)。一个合理的量表设计过程需要综合考虑多方面内容，包括量表内容、类型、表达方式、结构、问项数量、量表发放方式、分析手段等(Churchill，1979；Churchill & Peter，1984)。

关于体验质量和价值量表的开发，很多学者(Oh et al.，2007)做出重要的尝试。但是第一，相关概念的使用比较混乱，如体验质量和体验价值。第二，还没有一个可以跨行业使用的测量量表。第三，现存的量表并不完全适用于主题乐园的语境，没有完全涵盖前面研究所提到的维度。

一、测量问项池的建立和净化

量表的核心是内容开发(赵卓嘉，2009)。科学的量表设计和修改要基于理论,需要经过严格的检验来保证量表的信度和效度(钟洁,2015)。本书遵循 Churchill(1979)提出的量表开发程序。关于测量问项的数量,如果测量问项极少,就有可能导致变色龙效应(Marsh & Yeung, 1999)。对于一个问项,不同的被试者可能会有不同的理解和标准,这样的测量效果就没有比较的意义(Yi, 1991)。同样的,如果采用多个问项,把研究工具变得复杂,也有可能存在晕环效应(Wirtz & Bateson, 1995)。

第一步,对相关学科领域的文献进行全面综述检索,结合焦点访谈的资料,整理归纳出测量问项池。本书根据 DeVellis(1991)的标准发展量表问项。主要标准包括:(1)每个问项针对一个问题,表述必须清晰明确;(2)避免有歧义的问项;(3)避免用词模糊和拼写错误,不使用不常用词汇;(4)避免表达意思过长或难以判断的语句;(5)尽量避免采取假设或猜测的问题。对于量表测量问项的筛选,参考 Churchill(1979)的筛选方式:(1)对同一概念下的问项进行合并;(2)剔除部分问项,包括重复出现的、过于具体描述的、比较极端的。量表的问项要与潜在的公共因子足够相关,才有一定的效度。一般认为,测量问项数量是潜在公共因子的 3~5 倍才足够(黄芳铭,2005)。本书的每个潜在因子的问项数目都在 3 个以上,符合要求。

第二步,邀请三位市场营销专业已毕业的博士生作为专家评审小组。研究者首先向小组阐述体验质量和体验价值以及各个维度的内涵,把问项池交由专家小组进行归类。与专家讨论过程中,不同学者对一些问项的判断可能不一致。DeVellis(1991)针对这一问题就指出,是否采纳专家意见,取决于研究者自身的态度。有些专家可能由于不了解量表的概念,提出不合适的建议。王海忠(2006)也指出,研究者本人应该起到决定性作用。

第三步,将这些问项发放给 8 位在过去 3 个月内到访过上海迪士尼乐园的游客,了解被试者是否能准确理解问项,对于部分用词和语句进行进一步调整。比如,把"我在乐园里有购买纪念品商品"改为"我喜欢在乐园里购买纪念品商品"。再如,有一个问项是"乐园的员工穿着得体,符合他们的角色",正式测量中去掉了后半句,因为有被试者指出乐园中很多工作人员穿绿色 T 恤工作服,没有角色。又如,把"乐园的其他游客影响我对乐园的感知程度"改为"乐园的其他游客影响我在乐园的游玩体验"等。

第四步,整理出一个包含 40 个问项的量表如表 4.4 所示。量表采用五点李克特,请被试者在 1=非常不同意,2=不同意,3=一般,4=同意,5=非常同意之间做出选择。

表 4.4 体验质量与体验价值的构成维度

构念	维度	编码	测 量 问 项	资 料 来 源
体验质量	物理环境	PE1	乐园的游乐项目都非常好	Bitner（1992）,Dong 等（2013）,Mathwick 等（2001）,Kao 等（2008）,Brady 等（2001）,Wu 等（2014）,访谈
		PE2	乐园的游乐设施维护得很好	
		PE3	乐园的环境是干净整洁的	
		PE4	乐园的建筑是吸引人的	
		PE5	乐园的标识清晰易懂	
		PE6	乐园的背景音乐让我感到愉悦	
		PE7	乐园的颜色搭配很好	
		PE8	这个乐园的气氛就是我想要的	
		PE9	乐园的布局和设计让我很方便地找到自己想去的地方	
		PE10	总体来说,我喜欢这个乐园环境	
	交流环境	CE1	乐园的员工穿着打扮得体	Arnould 等（1998）,Cronin 等（1992）,Clemes 等（2009）,Caro 等（2007）,Wu 等（2011）,访谈
		CE2	乐园的员工是有礼貌而友好的	
		CE3	乐园员工的态度值得我的信任	
		CE4	乐园员工总能及时帮助我解决问题	
		CE5	乐园员工在演出时和我互动,带给我很多欢乐	
	其他游客	GI1	乐园的其他游客影响我在乐园的游玩体验	Clemes 等（2009）,Wu 等(2013),访谈
		GI2	乐园游客太多过于拥挤,对我的体验有消极影响	
		GI3	乐园的其他游客都很有礼貌	
		GI4	乐园的其他游客遵守乐园的规章制度	

(续表)

构念	维度	编码	测量问项	资料来源
体验质量	商品纪念品	MS1	我喜欢在乐园里购买商品	Kim 等(1999)，Dong 等(2013)，访谈
		MS2	我想要把乐园里的商品买回家留作纪念	
		MS3	我觉得在乐园里和卡通人物合影是很棒的	
		MS4	我喜欢在乐园里照一些有纪念意义的照片	
		MS5	这些照片能帮助我保留记忆	
体验价值	想象力	IG1	在乐园中游玩时，有很多生动清晰的画面浮现在我脑海里	Higgins(2006)，Miller 等(2000)，Dong 等(2013)，访谈
		IG2	在乐园中游玩时，有很多令人愉悦的画面浮现在我脑海里	
		IG3	在乐园中游玩时，我想起了很多以前看过的电影和书	
		IG4	在乐园里，我回忆起了童年时光	
	沉浸	IM1	在乐园里游玩，让我暂时脱离了现实世界，完全享受自我	Kao 等(2015)，Dong 等(2013)，访谈
		IM2	在乐园里游玩让我觉得是在另外一个世界里	
		IM3	当我游玩的时候，我根本意识不到时间的流逝	
	好玩	PL1	我很享受在这里游玩	Mathwick 等(2001)，Kao 等(2008)，Ahn 等(2007)，访谈
		PL2	我来这里就是为了好玩	
		PL3	我在乐园里得到了很多乐趣	
	真实性	AU1	我感觉自己就是乐园的一部分	叶顺(2015)，访谈
		AU2	在乐园里，我感觉自己生活在童话世界里	
		AU3	我觉得乐园就是一个充满魔法的神奇王国	
		AU4	我只能在迪士尼乐园里得到这样的体验	

二、数据收集和样本概况

研究者把量表放在问卷星网站上进行调研和收集数据,并在问卷开始之前加上了一题,确认被试者在过去三个月内去过上海迪士尼乐园。收集时间为 2017 年 10 月 22 日到 30 日。回收数据 419 份,其中有 50 份问卷第一题选择了否,留下 369 份问卷数据进行预处理。筛选标准采用 Devellis(1991)提出的标准。第一,答题率低于 85% 的删除;第二,答题时间过少的删除;第三,答题有明显规律性的删除,如都选择同一个答案;第四,基于量表中的反向问项,有前后矛盾不一致的。在调查问卷中,很容易出现部分问项有缺失值的现象,常见的处理方法有以下三种:第一,剔除有缺失值的样本对象,这种方法有时会删除大量样本,不利于进一步分析。第二,对缺失的答案进行估值后插补。SPSS 软件有四种估值方法——以整列的平均值替代,以缺失值临界点的平均值或者中位数代替,以缺失值前后两个值的线性估计值代替,以直线方程估计。第三,将缺失值视为一个常数。本书在实际处理数据中,没有发现任何缺失值。最后得到有效问卷 334 份,回收率为 80%。

三、量表的内容效度

内容效度是对量表内容的主观评价(Nunnally & Bernstein, 1994)。为确保本量表的内容效度,本书严格遵守了以下几个步骤(杨锴,2011)。首先,本书量表是作者基于大量文献阅读,包括营销学、管理学、心理学等众多学者的研究,结合焦点小组访谈,多次讨论和筛选出来的。本量表问项的涵盖性和代表性都得到了保证。其次,对于参考的部分英文量表进行仔细而慎重的翻译,请具有英文背景的市场营销学博士进行校对。最后,为使得所有问项语句表达更准确,本书进行小范围测试,邀请了 8 位过去 3 个月内去过迪士尼乐园游玩的游客进行试测,询问他们填写问卷的感受,对有争议的词语和语句进行调整。

第四节 探索性因子分析

本书采用 SPSS23 中文版基于 334 份问卷进行主题乐园体验质量和体验

价值量表的探索性因子分析(Exploratory Factor Analysis, EFA)。探索性因子分析既可以对目前存在的维度进行确认，也可以识别可能被遗漏掉的维度。Devellis(1991)指出这个是确认量表信度和效度的前提条件。

一、描述性数据分析

在开始探索性因子分析之前，第一，先观察每个问项的平均值和标准差，如表 4.5 所示，无异常数值。第二，检验样本的峰度与偏度，检查样本是否符合正态分布。如表 4.5 所示，样本数据的偏度在 0.202 和 1.235 之间，峰度在 0.042 和 1.398 之间，符合正态分布(Kline, 2005)。因此本书认为该样本可以进行探索性因子分析。

表 4.5 数据正态性检验结果

问项	平均值	标准差	偏度	峰度	问项	平均值	标准差	偏度	峰度
PE1	4.16	0.856	−1.114	1.215	MS1	3.48	1.079	−0.459	−0.374
PE2	4.29	0.729	−1.072	1.75	MS2	3.6	1.074	−0.639	−0.166
PE3	4.16	0.821	−0.89	0.458	MS3	4.15	0.777	−0.89	1.404
PE4	4.43	0.706	−1.206	1.369	MS4	4.37	0.606	−0.485	−0.185
PE5	4.06	0.868	−0.893	0.492	MS5	4.4	0.615	−0.579	−0.171
PE6	4.31	0.759	−1.011	0.763	IG1	4.2	0.692	−0.562	0.215
PE7	4.46	0.646	−0.987	0.779	IG2	4.21	0.712	−0.624	0.221
PE8	4.22	0.884	−1.164	1.143	IG3	4.22	0.769	−0.834	0.655
PE9	3.89	0.933	−0.564	−0.4	IG4	4.08	0.893	−0.751	0.164
PE10	4.26	0.772	−1.235	2.235	IM1	4.08	0.888	−0.78	0.042
CE1	4.27	0.694	−0.857	1.398	IM2	3.93	0.896	−0.721	0.378
CE2	4.12	0.877	−0.941	0.6	IM3	3.86	0.952	−0.562	−0.281
CE3	4.11	0.859	−0.936	0.861	IM4	3.7	1.04	−0.463	−0.445
CE4	3.99	0.885	−0.74	0.451	PL1	4.06	0.883	−1.189	1.88

(续表)

问项	平均值	标准差	偏度	峰度	问项	平均值	标准差	偏度	峰度
CE5	4.27	0.781	−0.81	0.213	PL2	4.13	0.784	−0.939	1.357
GI1	3.59	0.969	−0.324	−0.374	PL3	4.15	0.751	−1.104	2.484
GI2	4.09	0.887	−0.935	0.682	AU1	3.54	1.023	−0.35	−0.397
GI3	3.06	0.957	−0.182	−0.443	AU2	3.77	0.951	−0.62	0.063
GI4	3.08	0.975	−0.202	−0.546	AU3	3.86	0.952	−0.709	0.214
GI5	3.44	0.965	−0.244	−0.19	AU4	3.53	1.119	−0.483	−0.517

第三,考察问项-总体的相关系数,检验每个问项与所处维度是否相关。进行探索性因子分析之前,研究者应该进行问项条目净化,否则会出现因子分析结果的多维度现象(Churchill,1979)。本书采用项目总相关系数 CITC 来净化项目,即一个维度下,每个问项与其他问项之和的相关系数。Churchill(1979)认为一般应对 CITC 值小于 0.5 的问项进行剔除,因为这些问项与整体量表的内部一致性不符合(Churchill,1979)。但对于探索性研究而言,大部分学者(胡抚生,2009;赵卓嘉,2009)都指出,CITC 达到 0.3 的问项就应该予以保留。同时还应该考虑,删除不合适问项是否可以提高整个量表的信度。因此在项目净化前后的 Cronbach's alpha 系数都要计算(钟洁,2015)。对体验质量量表进行 CITC 检测后发现,问项 GI1 和 GI2 的 CITC 值非常低,为 0.088 和 0.054。而且删除以后,能够提高整个量表的信度,所以进行删除。对体验价值量表进行 CITC 检测后发现,所有问项的 CITC 值都在 0.58 以上,保留所有问项。

第四,本书采用 Cronbach's α 系数来衡量内部一致性。对于探索性研究而言,如果 α 系数在 0.6 到 0.7 之间,就可以认为量表是基本可靠的(Nunnally,1978;Churchill,1979;Bagozzi & Yi,1988)。也有学者(Peter,1979)认为 α 系数达到 0.5 就可以接受。综合考虑,本书采取 α 系数在 0.6 以上为接受标准。如表 4.6 所示,所有维度的 Cronbach's α 系数都在 0.7 以上。

表 4.6　各变量的信度分析 Cronbach α 系数表

概念	维度	Cronbach's alpha	概念	维度	Cronbach's alpha
体验质量	PE	0.904	体验价值	IG	0.850
	CE	0.896		IM	0.886
	GI	0.704		PL	0.840
	MS	0.803		AU	0.887

二、探索性因子分析：体验质量

进行探索性因子分析时，有两种主要方法：最大似然估计法和主成分分析法(Fabrigar et al., 1999)。本书采用主成分分析法。首先对和体验质量有关的测量问项进行 KMO 和巴特利(Bartlett)球形检验。KMO 的值大于 0.9 说明非常合适，在 0.6 和 0.7 之间就不太合适。本书要求 KMO 大于 0.7，巴特利球形检验的统计值显著(陈正昌，2005)。如表 4.7 所示，符合要求。

表 4.7　巴特利球形检验结果及 KMO 值：体验质量测量问项

KMO 值		0.881
巴特利球形检验	近似卡方值	4 673.803
	自由度	253
	显著性	0

探索性因子分析中有两种旋转方法：正交旋转和斜交旋转(Fabrigar et al., 1999)。正交旋转假定因子之间没有相关性，而斜交旋转假定因子之间有相关性。一般认为除非能证明因子相关，否则应该使用正交旋转(陈正昌，2005)。本书就体验质量概念，用主成分分析法以特征根值大于 1 来提取因子，采用方差最大化正交旋转。

探索性因子分析也是净化量表的一种手段，要求每个因子的所有问项在该因子上的载荷都大于 0.5，并且没有在其他因子上有超过 0.5 的载荷(胡抚生，2009；赵卓嘉，2009)。因此，利用主成分分析法进行初始因子抽取之后的结果如表 4.8 所示。结果显示，提取出的因子 5 个因子能解释 67.144% 的变量共同度(communality)。经旋转后，每个因子都能够解释超过10%的变量共同度。因此，可以认为抽取出的5个因子都是有意义的。

表4.8　总方差解释贡献率：体验质量

主成分	初始特征值			旋转载荷平方和		
	总计	方差百分比	累计(%)	总计	方差百分比	累计(%)
1	8.484	36.889	36.889	5.541	24.092	24.092
2	2.166	9.419	46.307	3.47	15.088	39.18
3	1.961	8.525	54.832	2.518	10.949	50.129
4	1.565	6.806	61.638	2.017	8.768	58.897
5	1.266	5.506	67.144	1.897	8.247	67.144

为提高因子的可解释性，初始因子载荷矩阵通过方差极大旋转法进行旋转，旋转后的因子载荷矩阵如表4.9所示。探索性因子分析后，析出5个因子，累计解释方差67.14%。没有问项在两个因子上的荷载都大于0.5。但是维度4商品纪念品析出了两个因子，问项MS1和MS2载荷在因子5上，问项MS3、MS4和MS5载荷在因子3上。在国外学者的相关研究中，在旅游地区购买纪念品和拍照都属于游客渴望增强体验、延长体验感受的一种手段。但是结合因子分析和前面的焦点小组访谈，本书认为维度5会出现两个因子的原因是上海迪士尼乐园游客普遍认为乐园商品过于昂贵（问项MS1和MS2询问的就是商品），但游客对在乐园里面通过拍照进行留念的积极性很高（问项MS3、MS4和MS5询问的就是拍照）。因此需要把这个维度拆分，命名为乐园商品和拍照纪念。重新整理后的体验质量量表如表4.10所示。

表4.9　旋转后的因子载荷矩阵：体验质量

	成分1	成分2	成分3	成分4	成分5
PE1	0.742	0.195	0.082	0.024	0.164
PE2	0.697	0.22	0.125	−0.007	0.088
PE3	0.574	0.285	0.026	0.152	0.156
PE4	0.705	0.175	0.212	−0.021	0.057

(续表)

	成分1	成分2	成分3	成分4	成分5
PE5	0.603	0.015	0.141	0.23	0.026
PE6	0.689	0.182	0.229	−0.012	0.01
PE7	0.713	0.214	0.226	−0.091	−0.1
PE8	0.789	0.176	0.085	0.056	0.014
PE9	0.636	0.13	0.016	0.256	0.146
PE10	0.795	0.199	0.181	0.146	0.161
CE1	0.391	0.669	0.213	0.029	0.044
CE2	0.19	0.882	0.049	0.189	0.065
CE3	0.206	0.872	0.085	0.139	0.097
CE4	0.278	0.809	0.044	0.132	0.141
CE5	0.373	0.556	0.337	0.018	0.035
GI3	0.018	0.194	0.013	0.813	0.039
GI4	0.039	0.192	−0.024	0.82	−0.075
GI5	0.211	−0.025	0.147	0.648	0.097
MS1	0.135	0.126	0.206	0.066	0.909
MS2	0.151	0.133	0.206	−0.005	0.91
MS3	0.19	0.085	0.745	0.061	0.193
MS4	0.213	0.165	0.866	0.046	0.129
MS5	0.237	0.107	0.839	0.056	0.122

提取方法：主成分分析法。旋转方法：凯撒正态化最大方差法。
a 旋转在6次迭代后已收敛。

表 4.10 体验质量测量问项及来源

概念	维度	编号	测量问项	资料来源
体验质量	物理环境	PE1	乐园的游乐项目都非常好	Bitner(1992), Dong 等(2013), Mathwick 等(2001), Kao 等(2008), Brady 等(2001), Wu 等(2014), 访谈
		PE2	乐园的游乐设施维护得很好	
		PE3	乐园的环境是干净整洁的	
		PE4	乐园的建筑是吸引人的	

(续表)

概念	维度	编号	测量问项	资料来源
体验质量	物理环境	PE5	乐园的标识清晰易懂	Bitner(1992)，Dong 等(2013)，Mathwick 等(2001)，Kao 等(2008)，Brady 等(2001)，Wu 等(2014)，访谈
		PE6	乐园的背景音乐让我感到愉悦	
		PE7	乐园的颜色搭配很好	
		PE8	这个乐园的气氛就是我想要的	
		PE9	乐园的布局和设计让我很方便地找到自己想去的地方	
		PE10	总体来说，我喜欢这个乐园环境	
	交流环境	CE1	乐园的员工穿着打扮得体	Arnould 等(1998)，Cronin 等(1992)，Clemes 等(2009)，Caro 等(2007)，Wu 等(2011)，访谈
		CE2	乐园的员工是有礼貌而友好的	
		CE3	乐园员工的态度值得我的信任	
		CE4	乐园员工总能及时帮助我解决问题	
		CE5	乐园员工在演出时和我互动，带给我很多欢乐	
	其他游客	GI1	乐园的其他游客都很有礼貌	
		GI2	乐园的其他游客遵守乐园的规章制度	
		GI3	我和其他游客的互动对我的乐园体验有着积极影响	
	乐园商品	MS1	我喜欢在乐园里购买商品	Kim 等(1999)，Dong 等(2013)，访谈
		MS2	我想要把乐园里的商品买回家留作纪念	
	拍照留念	TP1	我觉得在乐园里和卡通人物合影是很棒的	Kim 等(1999)，Dong 等(2013)，访谈
		TP2	我喜欢在乐园里照一些有纪念意义的照片	
		TP3	这些照片能帮助我保留记忆	

三、探索性因子分析：体验价值

首先对和体验价值有关的测量问项进行 KMO 和巴特利球形检验。本书要求 KMO 大于 0.7，和巴特利球形检验值结果显著（陈正昌，2005）。如表 4.11 所示，符合要求。

表 4.11　巴特利球形检验结果及 KMO 值：体验价值测量问项

KMO 值		0.926
巴特利球形检验	近似卡方值	3 976.626
	自由度	105
	显著性	0

表 4.12　总方差解释贡献率：体验价值

主成分	初始特征值			旋转载荷平方和		
	总计	方差百分比	累计(%)	总计	方差百分比	累计(%)
1	8.63	57.532	57.532	4.796	31.975	31.975
2	1.186	7.908	65.44	2.96	19.736	51.712
3	0.878	5.855	71.295	2.937	19.583	71.295

本书就体验价值概念，用主成分分析法，以特征根值大于1来提取因子，并采用方差最大化正交旋转。析出3个因子，累计解释方差71.295%。问项 IG4，IM2 和 AU1 在两个因子上的荷载都大于0.5，对这三个问项进行删除。维度沉浸和好玩都载荷在因子1上面，说明这两个因子的区别度不高，应该进行合并，合并后命名为沉浸。重新整理后的体验价值量表如表4.14所示。

表 4.13　旋转后的因子载荷矩阵：体验价值

	成分1	成分2	成分3
IG1	0.386	0.179	0.772
IG2	0.46	0.1	0.734
IG3	0.164	0.217	0.796

(续表)

	成分1	成分2	成分3
IG4	0.134	0.512	0.664
IM1	0.708	0.246	0.364
IM2	0.69	0.504	0.202
IM3	0.705	0.333	0.122
PL1	0.804	0.283	0.218
PL2	0.591	0.153	0.276
PL3	0.752	0.271	0.318
AU1	0.554	0.638	0.178
AU2	0.494	0.709	0.253
AU3	0.448	0.717	0.308
AU4	0.222	0.761	0.183

表4.14 体验价值测量问项及来源

体验价值	想象力	IG1	在乐园中游玩时,有很多生动清晰的画面浮现在我脑海里	Higgins（2006）,Miller 等（2000）,Dong 等（2013）,访谈
		IG2	在乐园中游玩时,有很多令人愉悦的画面浮现在我脑海里	
		IG3	在乐园中游玩时,我想起了很多以前看过的电影和书	
	沉浸	IM1	在乐园里游玩,让我暂时脱离了现实世界,完全享受自我	Kao 等（2015）,Dong 等（2013）,访谈
		IM2	当我游玩的时候,我根本意识不到时间的流逝	
		IM3	我很享受在这里游玩	Mathwick 等（2001）,Kao 等（2008）,Ahn 等（2007）,访谈
		IM4	我来这里就是为了好玩	
		IM5	我在乐园里得到了很多乐趣	

(续表)

体验价值	真实性	AU1	在乐园里，我感觉自己生活在童话世界里	Mathwick等(2001)，Kao等(2008)，Ahn等(2007)，访谈
		AU2	我觉得乐园就是一个充满魔法的神奇王国	
		AU3	我只能在迪士尼乐园里得到这样的体验	

第五节 乐园游客情绪量表开发

在休闲和旅游研究中，游客情绪被视为享乐体验的核心(Li et al.，2014；Malone et al.，2014；Voigt et al.，2010)。Su & Hsu(2013)认为游客情绪是他们对目的地感受和评价的结果。Li等(2014)认为游客的情绪塑造了他们的体验。大部分的人参加旅游，就是为了追求快乐，而游客的情绪体验又是非常主观、强烈和显著的(Malone et al.，2014)。积极的情绪体验能带来良好的心理感受，提高游客满意度(Chang，2008；Han & Back，2007；Han & Patterson，2011；Ladhari，2007)和忠诚度(Kralj & Solnet，2010；Sui & Baloglu，2003)。旅游者的情绪反应是他们的消费后行为意愿的重要决定要素(Gnoth，1997)，情绪也影响了游客关于旅游和休闲服务的决策(Chang，2007)。如何测量情绪是个值得研究的课题(McCabe & Johnson，2013；Pearce，2009)。消费者对自我情绪的评价能够有效反映出消费体验的质量和价值(Han et al.，2017)。

一、本书的情绪量表池建立

测量体验情绪，自陈量表是最普遍使用的方法(Li et al.，2014)。一般是消费后，请被试者对整体消费进行回忆来测量的。Filep等(2010)认为游客的情绪发生在三个阶段——体验前的期望、体验中和体验后对旅游的回顾。体验中的情绪评价是最强烈的(Strauss & Allen，2006)。本书主要关注体验中情绪。

旅游业者对情绪的关注也越来越多，但更多的是采用已有的测量方法，关于旅游业的特殊语境考虑甚少(邓天白，2013)。关于情绪量表，文献综述也已经指出应该也有必要开发特殊情境下的消费者情绪量表。此外,目前成熟的情绪量表基本都是基于西方文化,但 Russell(1991)提出在不同的文化和语言背景下,被试者表达情绪的方法可能不一致。在一些文化背景下,某些情绪可能会被认为是不合理、不恰当的。本书的主题乐园游客情绪量表开发基于 Lee(2009)提出的情绪探索方法。

第一步,在焦点小组访谈中,作者询问了被试者游园时的情绪,请他们用形容词来描绘自己的感受。收集了大量与乐园相关的情绪描述词后,发现使用频率最高的积极情绪词汇有 30 个、消极情绪词汇有 6 个。很少有消极情绪词汇出现,可能的解释是旅游总是充满积极与愉快的体验,很少会有消极的体验(Hosany,2013)。

第二步,结合积极-消极情绪量表 PANAS、愉悦-唤醒 PA 量表、消费者情绪量表 CES,整理出情绪词汇候选表,共有情绪词汇 45 个。

第三步,删除了部分词汇,删除标准参照 Lee(2009)。(1)删除与身体状况有关的词汇,如疲倦、感到累、饥饿等;(2)删除过于主观的词汇,如自信等;(3)删除有行为倾向的词语,如犹豫的、冒险的。经过筛选后,得到 36 个情绪词汇进入下一轮研究。

第四步,请 20 位在过去 3 个月内去过上海迪士尼乐园的被试者给这些情绪词汇打分,询问他们在乐园中感受到这些情绪的频率。5 代表频率非常高,4 代表经常,3 代表偶尔,2 代表很少,1 代表几乎从没。Oliver(1997)指出这些情绪的数字综合可以代表一个被试者在乐园中情绪体验的强度。通过词频分析,删除那些使用频率平均值低于 3 的词汇,剩余 17 个词汇。

最后筛选得到 17 个词汇,属于四个情绪维度:高兴、爱、惊喜和不愉悦,参见表 4.15。前三种在很多的情绪分类中都出现过,如 Shaver 等(1987)、Hosany 等(2013)、Lee(2009)的研究。第四种情绪类别与 Hosany 等(2009)的研究类似。

(1)高兴:欢乐、愉快、满足、高兴;
(2)爱:被关怀、感到爱、浪漫、幸福、温暖;
(3)惊喜:惊奇、激动人心、入迷的、梦幻的;
(4)不愉悦:生气、沮丧、失望、担忧。

表 4.15 情绪测量问项及来源

概　念	维　度	编　号	测量问项	来　源
情绪	爱	LV1	被关怀	访谈、积极-消极情绪量表PANAS、愉悦-唤醒PA量表、消费者情绪量表CES
		LV2	感到爱	
		LV3	浪漫	
		LV4	幸福	
		LV5	温暖	
	高兴	JOY1	欢乐	
		JOY2	愉快	
		JOY3	满足	
		JOY4	高兴	
	惊喜	SP1	惊奇	
		SP2	激动人心的	
		SP3	入迷的	
		SP4	梦幻的	
	不愉悦	UP1	生气	
		UP2	沮丧	
		UP3	失望	
		UP4	担忧	

二、部分情绪词汇说明

（一）爱

很多学者提出应该把爱视为一个重要的营销概念。Richins(1997)在他的消费者情绪量表中,提出两种爱的维度：浪漫之爱(性感、浪漫和热情)和爱(爱怜、温暖和情爱)。爱是消费者对消费物品的一种特殊感觉(Kleine et al.,1995)。Fournier(1998)总结了六种客户与品牌和产品之间的关系,其中就包含了爱和热情。Carroll 等(2006)把消费者对品牌的爱定位为消费者对品牌的热情追求程度。很多研究者(Hosany & Gilbert,2010)把消费者对品牌和产品的爱与品牌忠诚度和积极的口碑传播密切联系起来。Hosany 等(2010)在对旅游者情绪的研究中也发现,爱是一种重要的情绪表达。

(二) 高兴

高兴总与一些积极的结果有关,如达到目标、获得好的结果等。Lazarus(1991)指出当个体觉得他在逐渐达到自己目标时,他会感受到快乐。高兴是高峰体验的组成部分,与好玩、生活的意义这些概念紧密相关(Frijda,1986)。Hosany 等(2010)的研究指出,对于游客的情感体验而言,高兴是他们满意度的一个重要决定因素。Johnson 等(2009)通过对酒店客人的实证研究后表达了同样的观点。谢彦君(2009)强调,有一个重要的维度存在于旅游体验中,就是愉悦感。这是衡量消费者体验的要素。

(三) 惊喜

消费者需要超凡体验,需要令人难忘的回忆。Kao 等(2007)把惊喜定义为感受到新鲜、独特和与众不同。惊喜是一种积极的惊奇。一般的学者把惊奇视为中性词汇,是超出预期的感受(Izard,1977)。惊奇同时拥有正面和负面的效价,对其他情绪有扩展作用(Oliver,1989)。惊奇经常与其他情绪一起发生,如生气、高兴等。Plutchik(1980)指出,惊奇与愉悦能组合成高兴。Westbrook 等(1991)的研究指出,那些获得惊喜感的消费者会更满意,表现出更高程度的忠诚度。Westbrook 等(1991)指出惊奇可以作为一个独立的变量来进行研究,要考虑它在满意度的产生过程中起到的作用。

第五章

研究二：主题乐园游客重游意愿的影响机制研究

第一节 本书研究模型及假设

Joreskog 等(1993)提出有三种策略通过结构方程模型进行模型界定。第一种是验证性模型策略。这种策略是严格检验既定的理论模型，只有接受或拒绝模型两种结果，不能再寻找让模型被接受的可能性。第二种是竞争模型策略。研究者选择几个理论模型，然后收集数据资料，找出最合适的模型。这个策略的假设是数据看上去适配并不代表这个模型是最合适的，需要通过不同模型进行比较。一种社会现象不只有一种理论可以解释。第三种是模型发展策略，先界定一个理论，收集资料，观测相应指标，对其进行修正。修正后的模型还需要使用另外独立的样本来检验新模型的有效性，模型发展策略是一种探索性研究。本书采用第一种策略，验证性模型策略。本书的研究模型和假设如图 5.1 所示。

（一）体验质量对满意度的影响

H1：乐园的体验质量会正向影响乐园游客满意度；

H1a：乐园的物理环境会正向影响乐园游客满意度；

H1b：乐园的交流环境会正向影响乐园游客满意度；

H1c：乐园的其他游客会正向影响乐园游客满意度；

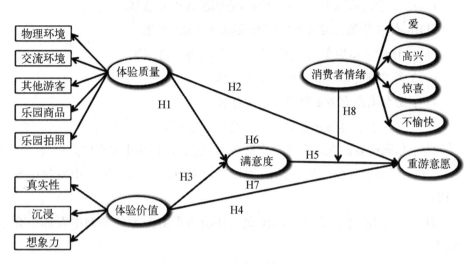

图 5.1 本书总模型

　　H1d：乐园的商品会正向影响乐园游客满意度；

　　H1e：乐园拍照留念会正向影响乐园游客满意度。

（二）体验质量对游客重游意愿的影响

　　H2：乐园的体验质量会正向影响乐园游客重游意愿；

　　H2a：乐园的物理环境会正向影响乐园游客重游意愿；

　　H2b：乐园的交流环境会正向影响乐园游客重游意愿；

　　H2c：乐园的其他游客会正向影响乐园游客重游意愿；

　　H2d：乐园的商品会正向影响乐园游客重游意愿；

　　H2e：乐园拍照留念会正向影响乐园游客重游意愿。

（三）体验价值对满意度的影响

　　H3：乐园的体验价值会正向影响乐园游客满意度；

　　H3a：体验价值真实性会正向影响乐园游客满意度；

　　H3b：体验价值沉浸会正向影响乐园游客满意度；

　　H3c：体验价值想象力会正向影响乐园游客满意度。

（四）体验价值对游客重游意愿的影响

　　H4：乐园的体验价值会正向影响乐园游客重游意愿；

H4a：体验价值真实性会正向影响乐园游客重游意愿；

H4b：体验价值沉浸会正向影响乐园游客重游意愿；

H4c：体验价值想象力会正向影响乐园游客重游意愿。

（五）游客满意度会正向影响重游意愿

H5：游客满意度会正向影响重游意愿。

（六）满意度在体验质量对重游意愿的影响中发挥中介作用

H6：乐园游客满意度在体验质量对重游意愿的影响中发挥中介作用；

H6a：乐园游客满意度在乐园物理环境对重游意愿的影响中发挥中介作用；

H6b：乐园游客满意度在乐园交流环境对重游意愿的影响中发挥中介作用；

H6c：乐园游客满意度在乐园其他游客对重游意愿的影响中发挥中介作用；

H6d：乐园游客满意度在乐园商品对重游意愿的影响中发挥中介作用；

H6e：乐园游客满意度在乐园拍照留念对重游意愿的影响中发挥中介作用。

（七）满意度在体验价值对重游意愿的影响中发挥中介作用

H7：乐园游客满意度在体验价值对重游意愿的影响中发挥中介作用；

H7a：乐园游客满意度在乐园真实性体验价值对重游意愿的影响中发挥中介作用；

H7b：乐园游客满意度在乐园沉浸体验价值对重游意愿的影响中发挥中介作用；

H7c：乐园游客满意度在乐园想象力体验价值对重游意愿的影响中发挥中介作用。

（八）情绪的调节作用

H8：情绪调节了游客满意度和重游意愿之间的关系；

H8a：游客在乐园里面感受到的爱正向调节满意度对重游意愿的影响；

H8b：游客在乐园里面感受到的高兴正向调节满意度对重游意愿的影响；

H8c：游客在乐园里面感受到的惊喜正向调节满意度对重游意愿的影响；

H8d：游客在乐园里面感受到的不愉快反向调节满意度对重游意愿的影响。

第二节 样本和数据

一、数据收集与样本概况

研究二通过现场调研，发放标准问卷来收集数据。与其他数据收集方式相比，现场收据数据速度更快。最重要的是，现场收集数据能够及时捕捉到游客走出乐园时的体验和情绪。如果是事后通过电子问卷或者电话等方式调研，那么数据不是最准确、有效的。要做结构方程模型分析，到底需要多少样本为合适，不同学者的意见并不相同。温忠麟（2004）认为样本数量越多越好，至少要保证100个以上的样本。但是Develles等（1991）指出，样本数量并非越多越好，超过400的样本数量会降低模型的拟合程度。考虑到这些学者的意见，本书预期以250份有效问卷作为样本容量。

主要调研工作在2017年12月完成，一共有250位受访者在上海迪士尼乐园出口接受邀请参加问卷调研。采访持续了3周，采访时间为每天下午4点到晚上8点半，因为这个时候从园区离开的游客至少已经在园区游玩了半天。由有经验的采访者对游客进行一对一采访，可以保证信息的收集更完整，有效减少缺失信息。数据的准确性也有所提高，因为如果被试者对题目有异议，采访者可以帮忙解答。有效问卷回收率也得到提高，采访者对被试者介绍问卷的背景和目的。不足之处在于可能采访者的部分解释不同，造成被试者的误解。某些被试者可能不会在采访者面前直接表现某些真实情绪。在调研过程中，因为采访者有反复确认，所以在完成的250份问卷中，没有空缺或无效的数据。按照前文所提到的筛选数据的方式，最后有效问卷215份，有效率86%。

在采访前，采访者会先询问被试者三个问题。第一，是否居住或者工作在上海。首先确认这个问题的原因是，有很多迪士尼乐园游客来自外地，这些消费者来一次迪士尼乐园的游玩成本非常高。即使他们在乐园里面获得了良好的体验,有较高的满意度,收获了积极的情绪,但是他们的重游意愿会受到很多其他外界因素的影响,如假期时间、来上海的旅游支出费用等。所以本书只关注在上海居住或者工作的游客。第二,是否在15岁以上(含15岁)。第三,有没有在乐园里面逗留超过4个小时,保证游客体验的完整性。

二、样本描述性统计分析

(一)样本描述性统计分析

样本描述性统计可以帮助研究者对整体数据有宏观认识。本书采用SPSS软件进行描述性分析统计。统计结果如表5.1所示。基本可以看出,大部分游客还是第一次或者第二次来到乐园,比较有新鲜感,同时也有少部分游客来乐园频率较高。一起游园的以朋友为主,家人和恋人也占了较高的比例。回答问卷的被试者有六成是女性,四成为男性,这个比例和我们的预期接近。年龄方面,乐园消费者还是以青年和中年人为主。教育程度和收入程度基本为正态分布。

表5.1 样本基本情况汇总

问题	答案	频率	百分比(%)
请问您游览过上海迪士尼乐园多少次(包括这次在内)?	1~2次	186	86.5
	3~4次	20	9.3
	5次及以上	9	4.2
请问您这次是和谁一起来上海迪士尼乐园游玩的?	一个人来的	6	2.8
	恋人	42	19.5
	朋友	89	41.4
	家人	78	36.3
性别	女性	128	59.5
	男性	87	40.5
年龄组别	15~24岁	77	35.8
	25~34岁	108	50.2

(续表)

问　　题	答　　案	频　率	百分比(%)
年龄组别	35~44岁	22	10.2
	45~54岁	8	3.7
	55岁以上	0	0
您的最高教育程度	中学	18	8.4
	大学	182	84.7
	研究生	15	7
您的个人每月收入	人民币4 999元以下	65	30.2
	人民币5 000~9 999元	95	44.2
	人民币10 000~19 999元	31	14.4
	人民币2万元以上	24	11.2

(二) 量表均值和标准差

对量表问项进行均值和标准差分析,分析结果如表5.2所示,无异常数据。

表5.2　数据正态性检验结果

| 问项 | 个案数 | 平均值 | 标准差 | 偏　度 | | 峰　度 | |
	统　计	统　计	统　计	统　计	标准误差	统　计	标准误差
PE1	215	4.31	0.571	−0.265	0.166	0.283	0.33
PE2	215	4.53	0.57	−0.903	0.166	0.689	0.33
PE3	215	4.63	0.547	−1.322	0.166	1.793	0.33
PE4	215	4.63	0.529	−1.025	0.166	−0.036	0.33
PE5	215	4.34	0.731	−0.844	0.166	0.127	0.33
PE6	215	4.54	0.609	−1.091	0.166	0.795	0.33
PE7	215	4.62	0.541	−1.02	0.166	−0.001	0.33
PE8	215	4.42	0.719	−0.987	0.166	0.18	0.33
PE9	215	4.07	0.751	−0.39	0.166	−0.382	0.33
PE10	215	4.42	0.59	−0.594	0.166	0.205	0.33
CE1	215	4.49	0.571	−0.563	0.166	−0.672	0.33

(续表)

问项	个案数	平均值	标准差	偏	度	峰	度
	统计	统计	统计	统计	标准误差	统计	标准误差
CE2	215	4.53	0.625	−1.217	0.166	1.484	0.33
CE3	215	4.59	0.627	−1.707	0.166	4.428	0.33
CE4	215	4.56	0.567	−1.024	0.166	0.933	0.33
CE5	215	4.49	0.655	−1.117	0.166	0.967	0.33
GI1	215	3.93	0.745	−0.289	0.166	−0.228	0.33
GI2	215	4.13	0.832	1.143	0.166	3.751	0.33
GI3	215	4	0.755	−0.46	0.166	0.004	0.33
MS1	215	3.53	0.941	−0.339	0.166	0.196	0.33
MS2	215	3.67	0.926	−0.4	0.166	0.297	0.33
TP1	215	4.32	0.719	−1.013	0.166	1.65	0.33
TP2	215	4.5	0.587	−0.69	0.166	−0.487	0.33
TP3	215	4.57	0.591	−1.039	0.166	0.086	0.33
IG1	215	4.33	0.662	−0.493	0.166	−0.725	0.33
IG2	215	4.58	0.772	1.547	0.166	3.493	0.33
IG3	215	4.5	0.595	−0.883	0.166	0.517	0.33
IM1	215	4.28	0.729	−0.934	0.166	0.937	0.33
IM4	215	4.44	0.607	−0.705	0.166	0.216	0.33
IM5	215	4.4	0.654	−0.837	0.166	0.526	0.33
AU1	215	4.25	0.736	−0.922	0.166	1.392	0.33
AU2	215	4.21	0.772	−0.81	0.166	0.706	0.33
AU3	215	3.96	0.911	−0.637	0.166	−0.162	0.33
LV1	215	3.97	0.736	−0.454	0.166	0.553	0.33
LV2	215	4.03	0.779	−0.468	0.166	0.125	0.33
LV3	215	4.24	0.788	−0.737	0.166	−0.152	0.33
LV4	215	4.28	0.735	−0.788	0.166	0.231	0.33
LV5	215	4.18	0.848	−1.423	0.166	3.087	0.33
JOY1	215	4.52	0.554	−0.749	0.166	0.507	0.33

(续表)

问项	个案数	平均值	标准差	偏度		峰度	
	统计	统计	统计	统计	标准误差	统计	标准误差
JOY2	215	4.52	0.61	−1.121	0.166	1.457	0.33
JOY3	215	4.23	0.71	−0.518	0.166	−0.305	0.33
JOY4	215	4.45	0.645	−0.957	0.166	0.787	0.33
SP1	215	4.24	0.776	−0.622	0.166	−0.509	0.33
SP2	215	4.18	0.795	−0.553	0.166	−0.564	0.33
SP3	215	4.08	0.825	−0.703	0.166	0.567	0.33
SP4	215	4.31	0.815	−0.997	0.166	0.278	0.33
UP1	215	1.35	0.607	1.674	0.166	2.252	0.33
UP2	215	1.33	0.602	1.782	0.166	2.623	0.33
UP3	215	1.39	0.623	1.59	0.166	2.402	0.33
UP4	215	1.35	0.645	1.93	0.166	3.559	0.33
SA1	215	3.93	0.726	−0.625	0.166	1.508	0.33
SA2	215	4.06	0.83	−0.699	0.166	0.325	0.33
SA3	215	4.28	0.695	−0.86	0.166	1.554	0.33
BI1	215	4.08	0.802	−0.857	0.166	1.226	0.33
BI2	215	3.88	0.897	−0.632	0.166	0.138	0.33
BI3	215	3.97	0.85	−0.812	0.166	0.782	0.33

第三节 验证性因子分析

Anderson 等(1988)提出了"二阶段结构方程模型法",他们主张先对模型进行验证性分析,检验效度和信度以后,再做结构方程模型分析。探索性因子分析和验证性因子分析不同,它们在理论的不同阶段扮演不同的角色。探索性因子分析适用于理论框架不明晰、需要进行探索而得到理论结构的情况。

验证性因子分析适合已有一定合理理论架构的时候，研究者进一步通过计量方法进行理论验证。验证性因子分析的模型有以下三个假设：(1)每个潜变量都能有一个因子结构进行解释和表达；(2)每个观测指标只有在涉及的因子上有负荷，在其他因子上零负荷；(3)所有因子相互关联。

结构方程模型(Structural Equation Modeling，SEM)是一种常用的统计方法，广泛适用于心理学、社会学、经济学等领域。与传统的统计方法相比，结构方程模型有很多优点(罗胜强 & 姜嬿，2015)。第一，结构方程模型可以处理多个自变量和因变量；第二，结构方程模型可以同时估计因子关系和结构；第三，结构方程模型允许测量误差，也允许更大弹性的测量模型；第四，结构方程模型能够测试模型的拟合程度；第五，结构方程模型可以处理高阶因子等复杂模型。结构方程模型分析中，一个模型有可能包含多组测量模型，这些模型应该都是可识别的，否则会影响整个模型的稳定性(邱皓政，2006)。因此在第一阶段上，研究每个变量的因子荷载，确定观察变量的信度和效度。第二阶段检验这些潜在变量之间的关系和其方程预测能力。

本书使用 Amos 软件进行验证性因子分析，使用最大似然估计法估计模型参数。在最大似然估值法中，卡方检验是最普遍被用来测量结构方程模型的拟合度(Diamantopoulos & Siguaw，2000)。

一、需要检验的数据

(一) 总体拟合度

Amos 软件用 χ^2 来检测模型的拟合优度，但 χ^2 容易受到样本数量影响，样本越大，模型被拒绝的可能性越大(荣泰生，2009)。目前研究界更多地用 $\chi^2/d.f.$ 来评价模型的拟合优度，一般以小于 3 为接受标准(罗胜强 & 姜嬿，2015)。

很多学者指出 RMSEA(Root Mean Square Error of Approximation)是个较为理想的拟合指数，不容易受到样本数量的影响。当 RMSEA 值低于 0.08 时，模型匹配良好；当 RMSEA 在 0.08 和 0.1 之间时，模型拟合度一般；当 RMSEA 值高于 0.1 时，模型不能接受(罗胜强 & 姜嬿，2015)。

GFI(Goodness of Fit Index)容易受到样本大小的影响,所以需要同时考虑 AGFI(Adjusted Goodness of Fit Index)。一般而言,当这两个的值都超过 0.9 时,模型可以接受(罗胜强 & 姜嬿,2015)。

NFI(Normed Fit Index)、IFI(Incremental Fit Index)和CFI(Comparative Fit Index)都是相对拟合系数。这三个指标数都要大于 0.9,才能接受模型(荣泰生,2009;罗胜强 & 姜嬿,2015)。

(二)效度和信度检验

关于本量表的内容效度,前面已经论述过了。本问卷部分问项已经经过探索性因子分析证实,部分问项来自成熟的量表。结构效度是检验模型中的测量问项能否都正确测量其潜在变项(孙晓强,2009)。结构效度包括收敛效度和区别效度:收敛效度是一个概念中测量问项之间是否高度相关,区别效度是不同概念的测量问项是否低度相关。

本书的模型是同属测量模型,前面所测量的内部一致性信度是服务于古典测量模型的。对于同属测量模型,还需要考察组合信度(Composite Reliability,CR)和平均方差析出量(Average Variance Extracted,AVE)(罗胜强 & 姜嬿,2015)。组合信度 CR 是把所有项目相加,再计算方差,而平均方差析出量 AVE 是先计算方差,再将项目的方差相加。组合信度 CR 指所有变项的信度,罗胜强等(2015)的建议是在 0.6 以上,数值越高,说明该测量变项越能测出该潜在变项。平均方差析出量 AVE 的建议标准值一般大于 0.5,这个数值越高,表示模型内部质量越好(罗胜强 & 姜嬿,2015)。区别效度主要测量潜在构面间的关系是否小于构面内的关系程度,所以潜在变量的 AVE 的平方根值应该大于其他不同构面下的相关系数(Fornell & Larcker,1981;Hair et al.,1998)。

二、验证性因子分析:体验质量

模型拟合结果如表 5.3 和表 5.4 所示,各个标准符合要求。体验质量有五个维度。根据 Amos 软件分析得到的结果,得到物理环境、交流环境、其他游客、乐园商品、乐园拍照的 AVE 值均超过 0.5 的标准,说明体验质量这个概念的收敛效度较好。同时,各个维度的相关系数在 0.15 和 0.57 之间,小于 AVE 的均方根,说明体验质量这个概念的区分效度较好(Bagozzi & Yi,1988)。

表 5.3 体验质量验证性因子分析拟合结果

拟合指标	绝对拟合指标			相对拟合指标					
	χ^2	df	χ^2/d.f.	RMSEA	GFI	AGFI	NFI	IFI	CFI
本模型	414.8	220		0.072	0.916	0.917	0.909	0.911	0.910
标准			<3	<0.1	>0.9	>0.9	>0.9	>0.9	>0.9

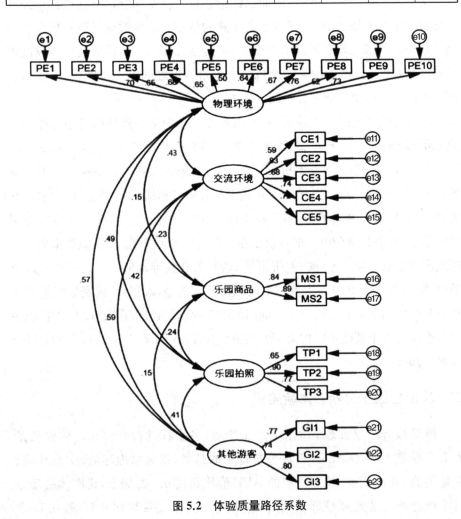

图 5.2 体验质量路径系数

表 5.4 体验质量量表标准化载荷、组合信度和 AVE 值

维　度	问项	标准化载荷	组合信度	AVE	AVE 的平方根
物理环境 PE	PE1	0.70	0.881	0.429	0.65
	PE2	0.65			
	PE3	0.68			
	PE4	0.65			
	PE5	0.50			
	PE6	0.64			
	PE7	0.67			
	PE8	0.76			
	PE9	0.52			
	PE10	0.73			
交流环境 CE	CE1	0.59	0.870	0.576	0.76
	CE2	0.83			
	CE3	0.88			
	CE4	0.74			
	CE5	0.72			
其他游客 GI	GI1	0.77	0.814	0.594	0.77
	GI2	0.74			
	GI3	0.80			
商品纪念品 MS	MS1	0.84	0.856	0.749	0.84
	MS2	0.89			
拍照留念 TP	TP1	0.65	0.821	0.609	0.78
	TP2	0.90			
	TP3	0.77			

三、验证性因子分析：体验价值

模型拟合结果如表 5.5 和表 5.6 所示，各个标准符合要求。体验价值有三个维

度。根据 Amos 软件分析得到的结果,得到想象力、沉浸、真实性的 AVE 值均超过 0.5 的标准,说明体验价值这个概念的收敛效度较好。同时,各个维度的相关系数在 0.36 和 0.46 之间,小于 AVE 的均方根,说明体验价值这个概念的区分效度较好。

表 5.5 体验价值验证性因子分析拟合结果

拟合指标	绝对拟合指标				相对拟合指标				
	χ2	df	χ2/d.f.	RMSEA	GFI	AGFI	NFI	IFI	CFI
本模型	97.7	41	2.39	0.092	0.918	0.908	0.935	0.956	0.955
标准			<3	<0.1	>0.9	>0.9	>0.9	>0.9	>0.9

表 5.6 体验价值量表标准化载荷、组合信度和 AVE 值

维度	问项	标准化载荷	组合信度	AVE	AVE 的平方根
想象力 IG	IG1	0.85	0.809	0.588	0.765
	IG2	0.77			
	IG3	0.67			
沉浸 IM	IM1	0.72	0.866	0.564	0.75
	IM2	0.75			
	IM3	0.78			
	IM4	0.70			
	IM5	0.80			
真实性 AU	AU1	0.90	0.858	0.674	0.82
	AU2	0.91			
	AU3	0.62			

四、验证性因子分析:情绪

模型拟合结果如表 5.7 和表 5.8 所示,各个标准符合要求。情绪有四个维度。根据 Amos 软件分析得到的结果,得到爱、高兴、惊喜、不愉快的 AVE 值均超过 0.5 的标准,说明情绪这个概念的收敛效度较好。同时,各个维度的相关系数在 0.33 和 0.70 之间,小于 AVE 的均方根,说明情绪这个概念的区分效度较好。

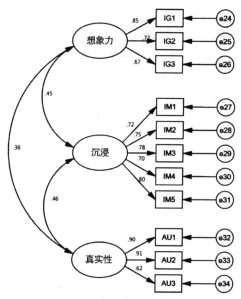

图 5.3 体验价值路径系数

表 5.7 情绪验证性因子分析拟合结果

拟合指标	绝对拟合指标			相对拟合指标					
	χ2	df	χ2/d.f.	RMSEA	GFI	AGFI	NFI	IFI	CFI
本模型	301.4	113	2.67	0.092	0.914	0.902	0.907	0.921	0.92
标准			<3	<0.1	>0.9	>0.9	>0.9	>0.9	>0.9

表 5.8 情绪量表的标准化载荷、组合信度和 AVE 值

维度	问项	标准化载荷	组合信度	AVE	AVE 的平方根
爱 LV	LV1	0.74	0.896	0.634	0.79
	LV2	0.80			
	LV3	0.81			
	LV4	0.89			
	LV5	0.73			
高兴 Joy	JOY1	0.89	0.896	0.684	0.83
	JOY2	0.88			
	JOY3	0.87			
	JOY4	0.74			

(续表)

维　　度	问项	标准化载荷	组合信度	AVE	AVE 的平方根
惊喜 SP	SP1	0.83	0.903	0.702	0.84
	SP2	0.87			
	SP3	0.91			
	SP4	0.73			
不愉快 UP	UP1	0.71	0.842	0.576	0.76
	UP2	0.92			
	UP3	0.67			
	UP4	0.71			

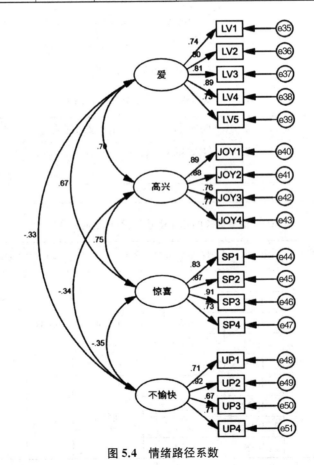

图 5.4　情绪路径系数

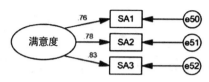

图 5.5 满意度路径系数

五、验证性因子分析：满意度

模型拟合结果如表 5.9 所示，各个标准符合要求。所有问项的标准化载荷值都超过了 0.5，模型整体显著。

表 5.9 满意度的标准化载荷、组合信度和 AVE 值

维　度	问项	标准化载荷	组合信度	AVE	AVE 的平方根
满意度 SA	SA1	0.76	0.833	0.625	0.79
	SA2	0.78			
	SA3	0.83			

六、验证性因子分析：重游意愿

各个问项在维度上的标准化载荷值都超过了 0.5，模型整体显著。模型拟合结果如表 5.10 所示，各个标准符合要求。

表 5.10 重游意愿的标准化载荷、组合信度和 AVE 值

维　度	问项	标准化载荷	组合信度	AVE	AVE 的平方根
重游意愿	BI1	0.91	0.941	0.841	0.92
	BI2	0.94			
	BI3	0.90			

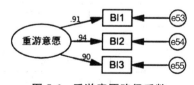

图 5.6 重游意愿路径系数

第四节　回归分析三大检验

检验变量关系最常见的一个方法是回归分析。与结构方程模型相比,用多元回归分析法更容易发现变量的调节效应(贾跃千,2009)。基于多元回归分析法,本书将在后面检验游客情绪在体验质量、体验价值、满意度和重游意愿之间的调节作用。在进行多元回归分析之前,首先必须进行回归分析的三大检验,即多重共线性检验、序列相关检验和异方差检验(陈正昌等,2005)。

一、多重共线性检验

回归分析中最容易出现的一个问题就是多重共线性,即因为自变量之间高度相关,使得自变量的回归系数下降,标准误上升,出现回归方程整体显著但是自变量不显著的结果。通常需要考察的参数包括方程膨胀因子(variance inflation factor, VIF)、容忍值、特征值、变异比例和条件指数(conditional index, CI)(邱皓政,2009)。一般认为,如果 VIF 大于 10,特征值趋近于 0, CI 大于 100,或者多个回归变异数在同个 CI 上的变异比例超过 0.5 时,回归方程存在多重共线性(邱皓政,2009)。本书中的自变量(体验质量各维度、体验价值各维度、满意度和情绪各维度)的多重共线性检验结果如表 5.11 所示。综合来看,本书的研究不存在严重的多重共线性。

表 5.11　自变量多重共线性检验

自变量	容忍度	VIF	特征值	CI	变异比例
体验质量:物理环境	0.348	2.870	0.032	1.000	0~0.17
体验质量:交流环境	0.464	2.156	0.148	9.590	0~0.25
体验质量:其他游客	0.874	1.144	0.068	4.131	0~0.32
体验质量:乐园商品	0.848	1.180	0.046	7.184	0~0.18
体验质量:乐园拍照	0.559	1.790	0.035	9.717	0~0.06
体验价值:真实性	0.770	1.298	0.016	8.869	0~0.08

(续表)

自 变 量	容忍度	VIF	特征值	CI	变异比例
体验价值：沉浸	0.328	3.046	0.012	3.400	0～0.28
体验价值：想象力	0.352	2.844	0.011	5.933	0～0.08
情绪：爱	0.408	2.453	0.009	8.680	0～0.14
情绪：惊喜	0.330	3.033	0.007	5.015	0～0.19
情绪：高兴	0.365	2.741	0.005	1.899	0～0.02
情绪：不愉快	0.809	1.237	0.004	5.771	0～0.05
满意度	0.471	2.125	0.003	2.601	0～0.49

二、序列相关检验

序列相关检验是检查在不同时间收集的样本数据是否相关。序列相关一般出现在数据收集有先后序列的研究中，但本样本数据为横截面，不存在序列相关问题（罗胜强 & 姜嬿，2015）。

三、异方差检验

异方差检验是指样本的观测误差随着解释变量的变化而显示出明显的变化趋势。异方差检验可以通过观察观测误差的散点图来判断，横轴为标准化预测值，纵轴为标准化残差。如果散点没有呈现出明显的规律，就可以判断不存在异方差问题。本研究的散点图没有体现出明显规律，所以不存在异方差（罗胜强 & 姜嬿，2015）。

第五节　路径假设检验

本部分采用 Amos 软件 21 版本和 SPSS 软件 23 中文版本检验假设。

一、假设 H1 的检验：体验质量对满意度的影响

H1 假设中的路径如表 5.12、表 5.13 和图 5.7 所示，物理环境、拍照留念和

商品纪念品对满意度的作用达到了显著水平,其他两个维度对满意度的作用未达到显著水平。因此假设 H1a、H1d 和 H1e 得到支持,假设 H1 得到部分支持,体验质量对消费者满意度的影响有限。

表 5.12 体验质量影响满意度拟合结果

拟合指标	绝对拟合指标			相对拟合指标					
	χ2	df	χ2/d.f.	RMSEA	GFI	AGFI	NFI	IFI	CFI
本模型	504.6	284	1.78	0.06	0.908	0.912	0.927	0.916	0.915
标准			<3	<0.1	>0.9	>0.9	>0.9	>0.9	>0.9

表 5.13 体验质量影响满意度信用路径

路径	标准化估计	P
SA←PE	0.65	***
SA←CE	−0.12	0.910
SA←GI	0.08	0.188
SA←MS	0.184	**
SA←TP	0.144	*

注:*表示在5%水平上显著,**表示在1%水平上显著,***表示在0.5%水平上显著。

二、假设 H2 的检验:体验质量对重游意愿的影响

H1 假设中的路径图如表 5.14、表 5.15 和图 5.8 所示,物理环境和商品纪念品对重游意愿的作用显著,交流环境、其他游客和拍照留念对重游意愿的作用未达到显著水平。因此假设 H2a 和 H2d 得到支持,假设 H2 得到部分支持,体验质量对重游意愿的影响有限。

表 5.14 体验质量影响重游意愿拟合结果

拟合指标	绝对拟合指标			相对拟合指标					
	χ2	df	χ2/d.f.	RMSEA	GFI	AGFI	NFI	IFI	CFI
本模型	522.9	284	1.84	0.087	0.917	0.934	0.919	0.936	0.934
标准			<3	<0.1	>0.9	>0.9	>0.9	>0.9	>0.9

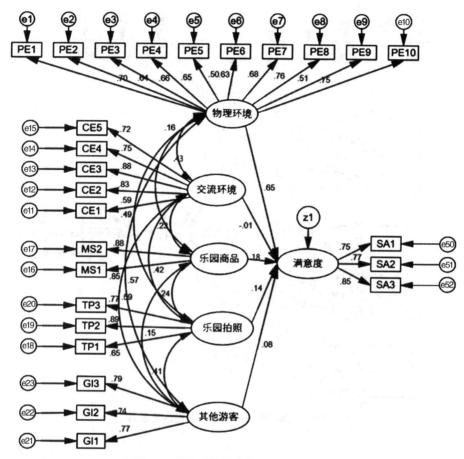

图 5.7 体验质量影响满意度路径系数

表 5.15 体验质量影响重游意愿信用路径

路径	标准化估计	P
BI←PE	0.3	**
BI←CE	0.042	0.7
BI←GI	0.026	0.782
BI←MS	0.12	**
BI←TP	0.287	0.3

注：*表示在5%水平上显著，**表示在1%水平上显著，***表示在0.5%水平上显著。

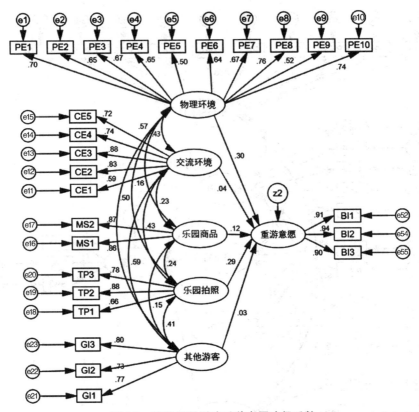

图 5.8 体验质量影响重游意愿路径系数

三、假设 H3 的检验：体验价值对满意度的影响

H3 假设中的路径如表 5.16、表 5.17 和图 5.9 所示，想象力、沉浸和真实性对满意度的作用都达到了显著水平。因此假设 H3 得到完全支持，体验价值对消费者满意度有显著影响。

表 5.16 体验价值影响满意度拟合结果

拟合指标	绝对拟合指标			相对拟合指标					
	χ^2	df	χ^2/d.f.	RMSEA	GFI	AGFI	NFI	IFI	CFI
本模型	172.9	71	2.4	0.082	0.912	0.940	0.919	0.938	0.937
标准			<3	<0.1	>0.9	>0.9	>0.9	>0.9	>0.9

表 5.17 体验价值影响满意度信用路径

路　径	标准化估计	P
SA←IG	0.268	*
SA←IM	0.285	**
SA←AU	0.226	***

注：*表示在5%水平上显著，**表示在1%水平上显著，***表示在0.5%水平上显著。

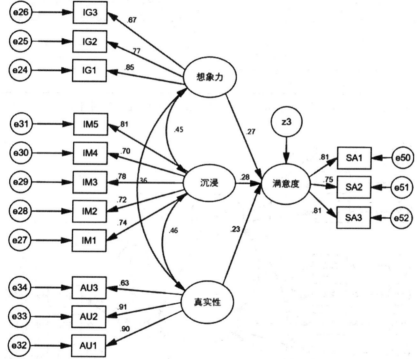

图 5.9　体验价值影响满意度路径系数

四、假设 H4 的检验：体验价值对重游意愿的影响

H4 假设中的路径如表 5.18、表 5.19 和图 5.10 所示，想象力、沉浸和真实性对重游意愿的作用都达到了显著水平。因此假设 H4 得到完全支持，体验价值对重游意愿有显著影响。

表 5.18 体验价值影响重游意愿拟合结果

拟合指标	绝对拟合指标			相对拟合指标					
	χ2	df	χ2/d.f.	RMSEA	GFI	AGFI	NFI	IFI	CFI
本模型	162.8	71	2.29	0.078	0.904	0.918	0.919	0.953	0.952
标准			<3	<0.1	>0.9	>0.9	>0.9	>0.9	>0.9

表 5.19 体验价值影响重游意愿信用路径

路径	标准化估计	P
BI←IG	0.459	*
BI←IM	0.222	*
BI←AU	0.28	*

注：*表示在5%水平上显著，**表示在1%水平上显著，***表示在0.5%水平上显著。

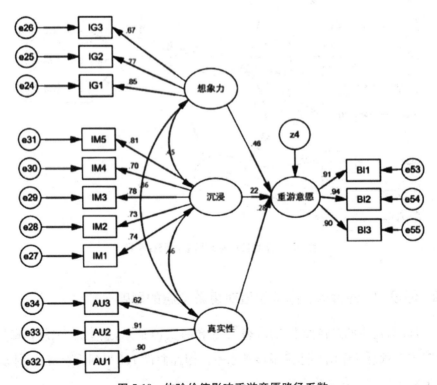

图 5.10 体验价值影响重游意愿路径系数

五、假设 5 的检验：满意度对重游意愿的影响

H5 假设中的路径如表 5.20、表 5.21 和图 5.11 所示，H4 假设被完全接受，满意度对重游意愿有显著影响。

表 5.20　满意度影响重游意愿拟合结果

拟合指标	绝对拟合指标				相对拟合指标				
	χ2	df	χ2/d.f.	RMSEA	GFI	AGFI	NFI	IFI	CFI
本模型	14.2	8	1.78	0.06	0.978	0.941	0.985	0.993	0.993
标准			<3	<0.1	>0.9	>0.9	>0.9	>0.9	>0.9

表 5.21　满意度影响重游意愿信用路径

路径	标准化估计	P
BI←SA	0.724	***

注：*** 表示在 0.5% 水平上显著。

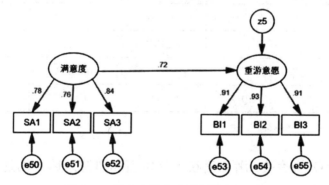

图 5.11　满意度影响重游意愿路径系数

六、假设 H6 的检验：满意度在体验质量和重游意愿之间的中介作用

本假设检验满意度在体验质量和重游意愿之间的中介作用，使用温忠麟（2005）提出的层次回归分析检验方法，结果如表 5.22 所示。M1 是控制了性别、年龄、教育程度和收入。因为假设 H1 和 H2 的结果发现，交流环境、其他

游客和拍照留念对重游意愿的作用未达到显著水平,不存在主效应。所以不在本假设中检验这两个维度。回归结果表明物理环境对重游意愿的直接效应为 0.430,间接效应为 0.252,因此,假设 H6a 得到验证。商品纪念品对重游意愿的直接效应为 0.139,间接效应为 0.076,因此,假设 H6d 得到验证,H6e 得到验证,H6 得到部分支持。从结果中可以发现,只要体验质量的维度对重游意愿有影响,满意度就在其中起到了中介作用。

表 5.22 满意度中介变量检验

	重游意愿 M1	重游意愿 M2	重游意愿 M3	满意度 M4
常量(C)	3.819	−0.234	−0.428	0.243
物理环境		0.860**	0.430**	0.316**
满意度			0.797**	
调整 R2	−0.012	0.191**	0.426**	0.429**
	M1	M2	M3	M4
常量(C)	3.819	2.958	−0.507	4.192
商品纪念品		0.215**	0.139**	0.092
满意度			0.827**	
调整 R2	−0.012	0.039*	0.446*	0.086**

注:** 表示 $p<0.01$,* 表示 $p<0.05$。

七、假设 H7 的检验:满意度在体验价值和重游意愿之间的中介作用

本假设检验满意度在体验价值和重游意愿之间的中介作用,使用温忠麟(2005)提出的层次回归分析检验方法,结果如表 5.23 所示。M1 是控制了性别、年龄、教育程度和收入。回归结果表明想象力对重游意愿的直接效应为 0.206,间接效应为 0.133,因此,假设 H7a 得到验证。沉浸对重游意愿的直接效应为 0.347,间接效应为 0.237,因此,假设 H7b 得到验证。拍照留念对重游意愿的直接效应为 0.3~1,间接效应为 0.238,因此,假设 H7c 得到验证。假设

H7得到支持,满意度在体验价值和重游意愿之间起到中介作用。

表 5.23 满意度中介变量检验

	重游意愿	重游意愿	重游意愿	满意度
	M1	M2	M3	M4
常量(C)	3.819	2.695	−0.343	3.780
想象力 IG		0.239**	0.206*	0.166**
满意度			0.804**	
调整 R2	−0.012	0.078**	0.441**	0.140**
常量(C)	3.819	0.376	−0.773	1.705
沉浸		0.786**	0.347**	0.352**
满意度			0.674**	
调整 R2	−0.012	0.280**	0.462**	0.381**
	M1	M2	M3	M4
常量(C)	3.819	1.072	−0.405	2.056
真实性		0.584**	0.301**	0.332**
满意度			0.719**	
调整 R2	−0.012	0.242**	0.443**	0.397**

八、假设 H8 的检验：情绪的调节作用

在假设 8 中,情绪的维度为调节变量,满意度为自变量,重游意愿为因变量。本书采用多元回归方法检验调节变量,共执行 4 次回归分析。首先,控制了性别、年龄、教育程度和收入(模型 1,M1)。其次,将满意度自变量加入回归方程(模型 2,M2),加入情绪调节变量(模型 3,M3);最后加入调节变量×自变量的交互项(模型 4,M4)。在回归中,先对自变量和调节变量进行中心化(因为变量都是连续变量),即把每个样本的变量得分值减去该变量的平均分。之后,将回归结果相互比较,检验调节效应是否存在。

(一)爱的调节满意度对重游意愿的影响

结果如表5.24所示。第二层回归分析中纳入满意度后,模型达到显著水平。第二层回归分析加入爱这一调节变量,R平方显著提高。第三层再加上爱乘以满意度的交互作用,结果显示R平方显著提高。假设H8a得到支持,爱促进满意度对重游意愿的正向关系。

表 5.24 爱的调节满意度影响重游意愿效应回归结果

	M1	M2	M3	M4
常量	3.891	−0.064	−0.579	−0.528
满意度		0.853*	0.731**	0.725**
爱			0.240**	0.236**
SA*爱				0.028*
ΔR平方		0.332**	0.29**	0.100*

注:*表示在5%水平上显著,**表示在1%水平上显著。

(二)高兴的调节满意度对重游意愿的影响

结果如表5.25所示。第二层回归分析中纳入满意度后,模型达到显著水平。第二层回归分析加入高兴这一调节变量,R平方显著提高。第三层再加上高兴乘以满意度的交互作用,结果显示不显著,所以H8b假设没有得到支持,高兴没有调节满意度对重游意愿的影响。

表 5.25 高兴的调节满意度影响重游意愿效应回归结果

	M1	M2	M3	M4
常量	3.891	−0.064	−0.827	−0.799
满意度		0.852**	0.683**	0.682**
高兴			0.319**	0.314**
SA*高兴				−0.016
ΔR平方		0.432**	0.029**	0.000

注:*表示在5%水平上显著,**表示在1%水平上显著。

（三）惊喜的调节满意度对重游意愿的影响

结果如表5.26所示。第二层回归分析中纳入满意度后，模型达到显著水平。第二层回归分析加入惊喜这一调节变量，R平方显著提高。第三层再加上惊喜乘以满意度的交互作用，结果显示R平方显著提高。假设H8c得到支持，惊喜促进满意度对重游意愿的正向关系。

表5.26 惊喜的调节满意度影响重游意愿效应回归结果

	M1	M2	M3	M4
常量	3.891	−0.064	−0.545	−0.367
满意度		0.852**	0.692**	0.676**
惊喜			0.245**	0.226**
SA*惊喜				0.099*
ΔR平方		0.232**	0.028**	0.034**

注：*表示在5%水平上显著，**表示在1%水平上显著。

（四）不愉快的反向调节满意度对重游意愿的影响

结果如表5.27所示。第二层回归分析中纳入满意度后，模型达到显著水平。第二层回归分析加入愉快这一调节变量，结果显示不显著，所以H8d假设没有得到支持，不愉快没有反向调节满意度对重游意愿的影响。

表5.27 不愉快的调节满意度影响重游意愿效应回归结果

	M1	M2	M3	M4
常量	3.891	−0.413	−0.218	−0.209
满意度		0.850**	0.829**	0.833**
不愉快			−0.089	−0.103
SA*不愉快				−0.051
ΔR平方		0.430	0.003	0.001

注：*表示在5%水平上显著，**表示在1%水平上显著。

第六节 研 究 结 论

一、假设检验结果

表 5.28 本书的假设检验结果

假　　设	检验结果
H1：乐园的体验质量会正向影响乐园游客满意度	部分支持
H1a：乐园的物理环境会正向影响乐园游客满意度	支持
H1b：乐园的交流环境会正向影响乐园游客满意度	不支持
H1c：乐园的其他游客会正向影响乐园游客满意度	不支持
H1d：乐园的商品会正向影响乐园游客满意度	支持
H1e：乐园拍照留念会正向影响乐园游客满意度	支持
H2：乐园的体验质量会正向影响乐园游客重游意愿	部分支持
H2a：乐园的物理环境会正向影响乐园游客重游意愿	支持
H2b：乐园的交流环境会正向影响乐园游客重游意愿	不支持
H2c：乐园的其他游客会正向影响乐园游客重游意愿	不支持
H2d：乐园的商品会正向影响乐园游客重游意愿	支持
H2e：乐园拍照留念会正向影响乐园游客重游意愿	不支持
H3：乐园的体验价值会正向影响乐园游客满意度	完全支持
H3a：体验价值真实性会正向影响乐园游客满意度	支持
H3b：体验价值沉浸会正向影响乐园游客满意度	支持
H3c：体验价值想象力会正向影响乐园游客满意度	支持
H4：乐园的体验价值会正向影响乐园游客重游意愿	完全支持
H4a：体验价值真实性会正向影响乐园游客重游意愿	支持
H4b：体验价值沉浸会正向影响乐园游客重游意愿	支持
H4c：体验价值想象力会正向影响乐园游客重游意愿	支持
H5：游客满意度会正向影响重游意愿	完全支持
H6：乐园游客满意度在体验质量对重游意愿的影响中发挥中介作用	部分支持

(续表)

假　　设	检验结果
H6a：乐园游客满意度在乐园物理环境对重游意愿的影响中发挥中介作用 H6b：乐园游客满意度在乐园交流环境对重游意愿的影响中发挥中介作用 H6c：乐园游客满意度在乐园其他游客对重游意愿的影响中发挥中介作用 H6d：乐园游客满意度在乐园商品对重游意愿的影响中发挥中介作用 H6e：乐园游客满意度在乐园拍照留念对重游意愿的影响中发挥中介作用	支持 不支持 不支持 支持 不支持
H7：乐园游客满意度在体验价值对重游意愿的影响中发挥中介作用	完全支持
H7a：乐园游客满意度在乐园真实性体验价值对重游意愿的影响中发挥中介作用	支持
H7b：乐园游客满意度在乐园沉浸体验价值对重游意愿的影响中发挥中介作用	支持
H7c：乐园游客满意度在乐园想象力体验价值对重游意愿的影响中发挥中介作用	支持
H8：情绪调节了游客满意度和重游意愿之间的关系	部分支持
H8a：游客在乐园里面感受到的爱正向调节满意度对重游意愿的影响 H8b：游客在乐园里面感受到的高兴正向调节满意度对重游意愿的影响 H8c：游客在乐园里面感受到的惊喜正向调节满意度对重游意愿的影响 H8d：游客在乐园里面感受到的不愉快反向调节满意度对重游意愿的影响	支持 不支持 支持 不支持

二、研究总结

第一，上海迪士尼乐园的体验质量各方面总体表现良好，特别是整个乐园的物理环境、交流环境和拍照留念。这三个维度下，除了 TP1 问项以外，基本大部分问项的得分都高于 4.49。但是被试者对其他游客的行为举止和态度持有非常矛盾的看法。正如在焦点小组访谈中很多被访者谈到的，上海迪士尼乐园有相当一部分游客的行为给别的游客造成了困扰。如何教育游客，培养他们变成更好的游客，其实也是主题乐园经营者需要考虑的一个关键点。乐园的商品纪念品虽然设计精美，但是由于其过高的价格，游客对其评价并不高。游客喜欢在乐园里面拍照留念，这也是他们延续自己体验感的一种方法。

第二，上海迪士尼乐园体验价值各方面表现良好。大部分游客都获得了想象力、真实性、沉浸体验价值,而且这些体验价值是乐园真正想要留在游客心中的。小组访谈中,很多受访者提到"沉浸""忘却""公主梦""开心"等。

第三,体验质量和体验价值对满意度都有影响,但体验价值的影响程度明显更高。假设1只得到部分支持,假设H1a,H1d和H1e得到支持,但H1b和H1c的假设不成立。但假设3被完全支持了。有意思的是,虽然被试者对上海迪士尼乐园的员工总体打分较高,五个问项的打分平均值都高于4.49,但交流环境这个维度对满意度和重游意愿的影响假设都没有得到支持。这和前人的研究结果略有出入(Lee, 2009)。本书认为一个可能的解释是,对大部分游客来说,乐园员工的服务质量属于游客对乐园的基本要求,已经不能成为游客满意的影响因素了。

第四,体验质量和体验价值对游客行为意向都有影响,但体验价值的影响程度明显更高。假设2只得到部分支持,但假设4被完全支持了。拍照留念这个维度对满意度有显著影响,但对重游意愿没有显著影响。一个可能的解释是,游客对乐园里面的各种拍照留念非常满意,但这些照片可以长期保留,游客不需要重返乐园来再次获得这些体验。

第五,满意度对游客的行为意愿有重要影响,这个与很多前人的研究结果一致(Baker & Crompton, 2000; Bigne et al., 2005)。

第六,关于满意在体验质量和体验价值和重游意愿的中介作用。假设6部分支持,假设7被完全支持。从结果中可以发现,只要体验质量或体验价值的维度对重游意愿有影响,满意度就在其中起到了中介作用。

第七,关于情绪的调节作用可以发现,爱和惊喜这两种情绪的调节作用得到了支持,这和很多学者的研究结果一致(Hosany, 2010)。但是高兴这种情绪并不能正向调节满意度和重游意愿之间的关系,一个可能的解释是,乐园游玩是享乐型体验,高兴是非常基本的情绪,但仅仅使得游客感受到高兴是不够的,并不能提高游客的重游意愿。不愉快不会反向调节满意度和重游意愿之间的关系,一个可能的解释是游客可能在某些时候感受到不愉快这种负面情绪,但是基本很少有游客在乐园里只感受到负面情绪。如前文所提到的,当消费者同时感受到正面和负面情绪,那情绪对满意度和重游意愿的影响可能不一致。

第六章
研究总结和未来展望

一、研究结论

上海引入迪士尼乐园的目的就在于激发整个主题乐园行业提高品质,为国内乐园的转型升级提供示范。国内主题乐园生命周期短,游客重游意愿不高(张晓振,2011)。提高游客的重游率才是主题乐园行业真正应该考虑的,找出影响消费者重游意愿的影响机制,并提出改进策略和建议是本书的研究目的。关于国内主题乐园和上海迪士尼乐园的差距,迪士尼全球总裁罗伯特·艾格(《财经天下周刊》,2017)总结为游客的体验感。但学者们关于旅游体验的作用一直存在争议(刘红阳,2012),即体验能否真正影响游客的满意度和行为意愿。本书通过对体验理论、情绪理论、消费者行为理论以及其他相关文献的梳理和提炼,结合主题乐园行业现状,最终建立了主题乐园游客重游意愿影响机制模型,提供重要理论突破和实践指导。本书的主要研究结论有以下五点。

第一,本书证实了体验的重要性。体验可以影响游客满意度,塑造游客行为意愿,但并不是所有体验要素都有同样的作用。本书梳理了体验相关的概念和理论,过往文献研究中,体验、服务质量、体验质量、体验场景、体验价值这些概念的使用相对混乱。本书基于大量文献阅读和整理,梳理出体验质量和体验价值的区别。消费者体验是一个多层次、多维度的复杂概念。在研究主题乐园体验时,既要考虑体验质量这种功能性体验,又要重视体验价值,重视游客的主观感受。

第二，本书在区分体验质量和体验价值的基础上，开发并验证了相关量表。关于体验量表，一方面，西方学术界也有很多成熟量表可参考，但这些现存量表没有很好地区分体验质量和体验价值，并且直接使用西方成熟量表很多时候并不符合中国消费者的实际情况。另一方面，主题乐园行业体验量表的开发还比较落后。在不同的行业和产品范畴下，消费者体验的具体内涵有所不同，所以开发具体语境的体验量表是有意义而且有必要的。关于主题乐园体验质量，本书最后确定了五个维度，包括物理环境、交流环境、其他游客、乐园商品和拍照留念。关于主题乐园体验价值，本书最后确定了三个维度，包括想象力、沉浸和真实性。

第三，本书开发并验证了主题乐园游客的情绪量表，包含了四个维度：爱（被关怀、感到爱、浪漫、幸福和温暖）、高兴（欢乐、愉快、满足和高兴）、惊喜（惊奇、激动人心的、入迷的和梦幻的）和不愉悦（生气、沮丧、失望和担忧）。如前文综述所提到的，研究消费者情绪要结合具体语境，现在目前大部分的情绪量表都没有考虑到游客和目的地的特殊属性。中、西方消费者语言习惯也不同，盲目使用西方成熟的消费者情绪量表并不合理。消费者情绪的定义和内涵具有多样化特征，消费者情绪测量方法极具多样性，设计特殊语境下的消费者情绪量表是有必要的。

第四，本书解决了关于体验能否影响重游意愿的争议。本书发现不同体验要素对消费者满意度和行为意愿的影响差距很大。体验质量对满意度和行为意愿的影响非常有限，而体验价值对满意度和行为意愿有显著影响，这为乐园设计和经营提供了有效指引。体验价值是影响游客精神层面的符号体验，是真正停留在游客心里的感受价值，带给游客无与伦比的回忆，让他们在未来想要再次回到乐园。物理环境、交流环境等虽然很重要，但并不是赢得消费者的全部砝码。消费者追求的是能够彻底投入融入和忘却自我的体验感受，这些体验要素是把消费者再次带回乐园的关键要素。

第五，本书证实消费者情绪在满意度和重游意愿之间起到了调节作用。在主题乐园行业研究语境中，了解游客的情绪对于深入挖掘游客行为意愿有重要启示。一个非常有意思的点是不愉快这种负面情绪并没有反向调节满意度和重游意愿之间的关系。正如文献综述中所提到的，消极情绪不一定会降低满意度。情绪是很复杂的现象,消费者不可能只感受到一种情绪。高兴这个正面情绪也没有正向调节满意度和重游意愿之间的关系,一个很可能的原因是消费者很容易在乐园中感受到高兴,但光有高兴是远远不够的。本书发现乐园经营者要关注消费者情绪,仅仅让消费者高兴是不够的,为消费者创造惊喜,让他们感受到爱和温暖,才是乐园经营者的终极目的。

最终通过对上海迪士尼乐园的实证研究,本书分析出主题乐园的体验产生过程,弥合过去研究中关注认知元素忽略情感元素的不足,将体验质量、体验价值和情绪融合到一个模型中,构建主题乐园游客的重游意愿影响机制。

二、本书的理论贡献

第一,本书区分了体验质量和体验价值这两个概念,解决了体验是否能真正影响消费者行为意愿的争议。有些学者认为体验能够影响消费者行为,但有些学者认为体验无法对游客产生影响,因为游客会很快遗忘体验。产生这个争议的主要原因是以往大部分研究没有区别体验质量和体验价值这两个概念,没有真正找到影响游客行为意愿的体验要素。本书指出,体验质量是服务质量的延伸,更强调的是乐园功能性价值来自消费者和客观环境的互动,对游客行为意向的影响有限。体验质量是企业经营者为了给消费者创造美好体验所创造的一切,是企业可以控制和管理的。体验价值更强调的是享乐性价值,是消费者能真正从体验中获取的价值,是消费者的主观感受,对游客行为意向有显著影响。

第二,消费者体验高度主观化,受到具体情景的影响。本书在现有量表的基础上,结合主题乐园产品和服务的特殊性,开发符合具体场景的消费者体验测量量表。目前主题乐园体验质量和体验价值的实证研究是一个缺乏系统和科学的定量评价方法的研究领域,本书开发的量表为国内外的主题乐园研究提供了重要理论补充。这两张量表的开发以及验证对了解主题乐园游客和相关旅游目的地游客的体验构成要素有重大作用。太多的学者对于到底什么样的体验要素对消费者的后续行为有真正的影响有很大的争议。本书认为在每个具体的语境下,要对这些要素区别对待。

第三,本书开发了主题乐园消费者情绪量表。消费者情绪的定义和内涵具有多样化特征,研究者应该根据具体研究语境挖掘消费者情绪内涵。消费者情绪测量方法极具多样性,设计特殊语境下的消费者情绪量表是有必要的。这个量表可以在适当变化的基础上,运用到相关旅游、娱乐、休闲产业中。

第四,本书证实了情绪对消费者行为有显著影响,并证实爱和惊喜这两种情绪正向调节了满意度对重游意愿的影响。传统的消费者行为研究领域忽视了情绪对消费者行为的影响,将消费者视为理性的人。本书关注消费者情绪在游客游园中的作用,丰富了相关理论的发展。

第五,本书通过研究主题乐园的体验价值、体验质量、游客情绪、满意度和重游意愿这些潜在变量之间的关系,构建主题乐园游客重游意愿影响机制模型。

三、对主题乐园经营者的管理启示

第一,主题乐园经营者应该高度重视消费者体验。从乐园经营者的角度,了解乐园游客的需求和行为能帮助主题乐园的经营者更好地找到自己的市场定位、制定营销策略。体验质量相当于乐园的服务质量,是乐园经营者可以改善和提高的。从研究结果来看,大部分游客对上海迪士尼乐园的物理环境较为满意。关于乐园的员工,游客的认可度也较高,尤其是参与表演、巡演等和游客有较多互动的员工。但是关于其他游客,大部分游客的体验感都不高,不管在访谈中还是问卷中,上海迪士尼乐园其他游客带来的体验以负面为主。对于乐园来说,如何培养游客的游园素质是很重要的功课。关于乐园的商品,大部分游客的购买欲望不够,这和中国消费者的消费水平以及乐园定价都有关。日本迪士尼乐园的很大一部分收入来自纪念品的售卖。

第二,关于乐园游客的体验价值。中国游客与欧美游客相比,对迪士尼品牌和故事的了解程度有限,如何使游客沉浸在乐园中是个极大的挑战。上海迪士尼乐园总经理郭伟诚在接受采访的时候指出:"我们通过调研了解到,游客还是希望能够体验到原汁原味的迪士尼故事讲述和优质的游客服务,期待沉浸在一个未知而新鲜的世界中。"为消费者创造体验价值应该是每个主题乐园的最终目标,为消费者创造一个"真实的世界",让他们彻底地沉浸于其中。在迪士尼公司,员工都知道"宾客学",是迪士尼通过调研消费者需求来了解他们的期待和建议。米老鼠是很多小朋友最喜欢的乐园元素。乐园清洁工在清扫的时候,用拖把在地上画米老鼠头像。乐园的餐厅会提供3D米奇鸡蛋,这种鸡蛋是用3D米奇头像模具制作的,整个头像立体生动,很受小朋友喜欢。调研还发现,中国的游客很喜欢能够在乐园中立马使用拍照发朋友圈的商品,如头箍、手杖等,乐园相应增加了此类商品(《财经天下周刊》,2017)。

第三,学者们关于旅游体验的作用一直存在争议,即体验是否能真正影响游客的满意度和行为意愿。有些学者认为游客的真实体验是很短暂的,不能对消费者的回忆以及后续行为产生影响(Mitchell & Thompson,1997)。这种认知的不一致带给经营者很多困惑。经营者不知道应该为消费者创造什么样的体验使得他们在未来会重返乐园。本书的研究结论为乐园经营者指明了方向。关于体验质量,国内主题乐园经营者其实做得并不差,武汉万达乐园的乐园项目都是由美国大牌视觉效果公司设计的。从本书研究结论可以看出,物理环境、交流环境等虽然很重要,但并不是赢得消费者的全部砝码。

第四,美国第一个迪士尼乐园创立于1955年,距今已有60几年。有一个非常大的误区就是认为迪士尼乐园能够成功是因为它投资大、景点多、工作人员素质高,但仅靠这些并不能保证成功。体验价值才是真正拉开迪士尼乐园和国内其他主题乐园的区别。作为东京迪士尼海洋公园设计师,中国建筑师毛厚德(微信公众号"米汤metome",2016)总结道,迪士尼乐园的设计"并非特别远大的理想,只为了触摸人的灵魂的某个点,能够把个人的意识给捕捉到"。迪士尼体验场景的设计是回到原点,每个场景的设计、游客在乐园中逗留一天的体验感、排队时的体验都被纳入了考虑。因此每个乐园的经营者都应制定自己的目标,决定到底想要传递给游客怎样的体验感受以及如何传递。消费者追求的是能够彻底投入融入和忘却自我的体验感受,这些体验要素是把消费者再次带回乐园的关键要素。

第五,如何培养消费者也是主题乐园很重要的一项工作,特别是上海迪士尼这种主题感强烈的乐园。加勒比海盗是乐园里面一个非常受欢迎的景点,乐园经营者完全按照《加勒比海盗》电影设计景点,比如水是蓝色的,小组访谈中一些对电影非常熟悉的游客也谈到了这点。但很多中国游客对电影并不熟悉,因此他们获得的体验价值也会非常有限。国内算得上有自主知识产权形象的是深圳华强方特文化技术集团,方特主题乐园的成功很大程度上源于他们出品的动画片《熊出没》广受小朋友的欢迎,但是后续卡通形象开发的缺乏会影响消费者的重游意愿。没有故事,乐园的游乐设施就变成单纯的游乐项目体验。上海迪士尼乐园总经理郭伟诚总结说:"欧洲市场更像迪士尼的美国本土市场,迪士尼的故事被欧洲游客熟知,并与目标消费者之间建立了强连接。但在中国,游客虽然基本都知道迪士尼的名字,情感连接却不够,也不一定知道乐园是怎么玩的。"(《第一财经周刊》,2017)

第六,关注消费者情绪,仅仅让消费者高兴是不够的,给消费者创造惊喜,让他们感受到爱和温暖,才是乐园经营者的终极目的。迪士尼乐园的经营主旨是"创造欢乐",这个欢乐背后包含着超越游客期望,为他们创造惊喜,让他们感受到爱。我们经常会在媒体上听到这样的报道。一个消费者在迪士尼买了一个行李箱,打开后发现里面装满了糖果。一个消费者恰逢生日的时候入住乐园酒店,在酒店里收到特殊生日礼物。

第七,上海迪士尼乐园的成功并不代表国内其他乐园没有机会。上海财经大学的何建明教授指出:"迪士尼的开业,也会激发其他主题乐园提升品质,打造不一样的体验,进行差异化竞争。"上海欢乐谷策划的多种活动,如"狂欢节""踏青节",吸引了很多游客再次重游(《财经天下》,2017)。

四、本书的不足之处和未来研究展望

第一,本书通过回忆的方式让被试者表达自己的体验和情绪,这种研究方法遵循结果观的角度,因为对企业来说,消费者体验其实是一种留在记忆里的总体体验。但这种方法可能没有办法捕捉到在旅游过程中游客的变化,未来可以使用经验取样法来捕捉游客在游览中的体验和情绪。经验取样法是通过重复抽样,要求被试者在规定时间段里,比如每小时,完成同样的问卷。经验取样法可以最大限度地收集那些个体和时间变化带来的因素,捕捉到被试者在体验当下的认知、感受和情绪,大大提高自陈式量表的准确性。

第二,本书没有考虑游客的动机。动机的研究最早源于心理学(陈燕丽,2007)。谢彦君(2005)将旅游动机视为对旅游行为最具有解释力的概念,受到社会准则和规范的制约和影响。积极的体验质量可以视为游客实现了他们的动机,需求被满足。他提出了旅游行为的动力学模型,画了一条旅游驱动力-需求-动机-行为的路径。游客的动机会影响他们对体验的评估(Goossens,2000),很多学者对消费者动机和满意度之间的关系做过调研(Chan,2004;Dunn-Ross & Iso-Ahola,1991;Lounsbury & Hoopes,1985)。这些研究都发现两者之间有正面关系。Dunn-Ross等(1991)的研究指出动机是满意度的前因变量,因为动机发生在体验前,满意度发生在体验后。这两位学者还发现动机中的知识和逃避两个维度和满意度有重要关系。但也有学者提出疑义,Ting(2008)指出当被试者被要求去评价满意度和重游意愿的时候,会受到当下情绪的影响,而不是自己最早的游园动机是否得到满足。未来研究可以考虑将旅游动机纳入研究模型,考察其对满意度和重游意愿的影响。

第三,本书没有考虑游客特征对游客的体验的影响。个体行为是个体特征和环境要素两者一起造成的(Lin & Worthley,2012)。Gray(1990)指出人们不仅会对周边变化的环境(服务场景)作出反应,这种反应也会因为个人特质而有所不同。但少有研究者关注个体差异与消费体验和情绪的关系(Faullant et al.,2011)。除了人口统计特征的调节作用以外,在游客行为意向方面的重要调节变量包括游客卷入度、游客对于多样性的寻求、新奇感、地方依恋感等(Baron & Kenny,1986;罗胜强 & 姜嬿,2008)。

第四,大部分来迪士尼乐园游玩的游客心里都有一个关于乐园的意向(image)。Fredirickd等(1995)的研究指出,企业意向具有高度价值,它和价格、产品质量、服务质量、创新等共同决定了消费者的忠诚程度。Crompton(1979)把旅游产品的意向定义为,游客对这个产品的信念、想法和印象。张维亚等(2012)认为意向包含消费者对目的地的认知、情感期待和整体的主观评价,对消费者行为有重大影响。意向促进消费者在旅游前形成期望(Joppe et al.,2001)。意向与期望不同,意向是更为稳定的心理状态,倾向于长期的整体评价。有学者们把意向视为一个类似于态度的概念,同时包含了认知和情感的评估,最后体现在消费者对物体或者目的地的感受和信念中(Baloglu & McCleary,1999)。消费者在体验当下感受到的服务和满意度会影响他以后的态度(即产品的意向)(Faullant et al.,2008)。随着体验的加深,消费者对产品意向的了解会进一步加强,不会轻易改变(Priester et al.,2004)。关于意向和消费者忠诚度之间的关系,不同的学者得到了不同的结果。Sirgy 等(1989)的研究发现意向和消费者忠诚度有直接正面关系。但 Bloemer 等(1989)对银行业的实证发现,两者并没有直接关系,服务质量在其中起调节作用。Kotler 等(1996)曾提出过一条意向-质量-满意度-行为意向的路径。Bigne 等(2001)指出意向同时影响消费者的感知质量、满意度和忠诚度。张维亚等(2012)的研究发现,消费者对旅游目的地的意向影响期望和忠诚度,但对满意度没有显著影响。Faullant 等(2008)通过对 6 172 位滑雪度假区消费者的研究发现,意向和满意度都对忠诚度有正面影响。主题乐园游客在进入乐园前后,对乐园的意向是否会影响他们的体验、情绪和行为意愿,这是个值得展开的课题。

第五,未来研究可以把这些体验和情绪的研究成果延伸到其他行业,如体育行业、手游行业、娱乐行业等。这些都是典型的体验类消费,需要深入洞察消费者体验和情绪,提高消费者再次消费的意愿。

附录 1

焦点小组访谈提纲

首先,研究者感谢所有的调研者来参加本次的焦点小组访谈。其次,研究者告知了被访谈者本次访谈的目的是什么。最后,与所有访谈者确定在过去三个月内到访过迪士尼。

1. 这次游玩时,您觉得最令你难忘的事情是什么?可以说一两件吗?

2. 在迪士尼游玩时,您觉得最美好的体验有哪些?比如项目体验、游戏体验等。

3. 在回忆这些难忘的事情或者有美好体验的经历时,您可以用一两个词语或句子来表达原因吗?(即为什么这些事情、经历等让您觉得难忘或美好?)

4. 为了在迪士尼乐园中有更好的游玩经历,您认为以下这几方面对您的体验的影响如何?(或者您认为一个游乐园最重要的因素有哪些?)

4.1 乐园环境布置方面(对迪士尼乐园的看法)

4.2 员工表现(主要包括员工的服务以及与游客的互动等)

4.3 其他游客的行为等(包括其他游客的行为举止等)

4.4 商品纪念品店等

4.5 您认为还有哪些因素会影响游客在乐园的体验

5. 请用一些与情绪有关的词语来描述您在迪士尼乐园的体验。

附录 2

主题乐园游客体验质量和体验价值调研问卷

本问卷调研是上海财经大学博士生进行的一项上海迪士尼乐园的学术调研,所有调研结果都不涉及任何商业利益,所有资料将会严格保密。

1. 请确认在过去三个月内您到访过上海迪士尼乐园
○是　○否

请您回答下面这些问题。
1=非常不同意　2=不同意　3=一般　4=同意　5=非常同意

第一部分：上海迪士尼乐园的体验质量

2. 上海迪士尼乐园的物理环境

	非常不同意	不同意	一般	同意	非常同意
乐园的游乐项目都非常好	1	2	3	4	5
乐园的设施维护得很好	1	2	3	4	5
乐园的环境是干净整洁的	1	2	3	4	5
乐园的建筑是吸引人的	1	2	3	4	5
乐园的标识清晰易懂	1	2	3	4	5

(续表)

	非常不同意	不同意	一般	同意	非常同意
乐园的背景音乐让我感到愉悦	1	2	3	4	5
乐园的颜色搭配很好	1	2	3	4	5
这个乐园的气氛就是我想要的	1	2	3	4	5
乐园的布局和设计让我很方便地找到自己想去的地方	1	2	3	4	5
总体来说，我喜欢这个乐园环境	1	2	3	4	5

3. 上海迪士尼乐园的交流环境

	非常不同意	不同意	一般	同意	非常同意
乐园员工穿着打扮得体	1	2	3	4	5
乐园员工是有礼貌而友好的	1	2	3	4	5
乐园员工的态度值得我的信任	1	2	3	4	5
乐园员工总能及时帮助我解决问题	1	2	3	4	5
乐园员工在演出时和我互动,带给我很多欢乐	1	2	3	4	5

4. 上海迪士尼乐园的其他游客

	非常不同意	不同意	一般	同意	非常同意
乐园的其他游客影响我在乐园的游玩体验	1	2	3	4	5
乐园游客太多过于拥挤,对我的体验有消极影响	1	2	3	4	5
乐园的其他游客都很有礼貌	1	2	3	4	5
乐园的其他游客遵守乐园的规章制度	1	2	3	4	5
我和其他游客的互动对我的乐园体验有着积极影响	1	2	3	4	5

5. 上海迪士尼乐园的商品纪念品

	非常不同意	不同意	一般	同意	非常同意
我喜欢在乐园里购买商品	1	2	3	4	5
我想要把乐园里的商品买回家留作纪念	1	2	3	4	5
我觉得在乐园里和卡通人物合影是很棒的	1	2	3	4	5
我喜欢在乐园里照一些有纪念意义的照片	1	2	3	4	5
这些照片能帮助我保留记忆	1	2	3	4	5

第二部分：上海迪士尼乐园的体验价值

6. 希望了解您在乐园的体验收获

	非常不同意	不同意	一般	同意	非常同意
在乐园中游玩时，有很多生动清晰的画面浮现在我脑海里	1	2	3	4	5
在乐园中游玩时，有很多令人愉悦的画面浮现在我脑海里	1	2	3	4	5
在乐园中游玩时，我想起了很多以前看过的电影和书	1	2	3	4	5
在乐园里，我回忆起了童年时光	1	2	3	4	5
在乐园里游玩，让我暂时脱离了现实世界，完全享受自我	1	2	3	4	5
在乐园里游玩让我觉得是在另外一个世界里	1	2	3	4	5
当我游玩的时候，我根本意识不到时间的流逝	1	2	3	4	5
我很享受在这里游玩	1	2	3	4	5
我来这里就是为了好玩	1	2	3	4	5
我在乐园里得到了很多乐趣	1	2	3	4	5

(续表)

	非常不同意	不同意	一般	同意	非常同意
我感觉自己就是乐园的一部分	1	2	3	4	5
在乐园里,我感觉自己生活在童话世界里	1	2	3	4	5
我觉得乐园就是一个充满魔法的神奇王国	1	2	3	4	5
我只能在迪士尼乐园里得到这样的体验	1	2	3	4	5

附录 3

主题乐园游客重游意愿影响机制调研问卷

本问卷是上海财经大学博士生的一项学术研究,调研结果不涉及任何商业利益,您提供的所有资料都会严格保密。请在回答问卷前,确认以下三个问题:

1. 您是否超过了 15 岁? □是 □否
2. 您是否工作或者居住在上海? □是 □否
3. 您是否在乐园里面游玩超过了 4 个小时? □是 □否

请您回答下面的题目,选出您觉得最合适的答案。
1=非常不同意 2=不同意 3=一般 4=同意 5=非常同意

第一部分:上海迪士尼乐园的体验质量

1. 上海迪士尼乐园的物理环境

	非常不同意	不同意	一般	同意	非常同意
乐园的游乐项目都非常好	1	2	3	4	5
乐园的设施维护得很好	1	2	3	4	5
乐园的环境是干净整洁的	1	2	3	4	5
乐园的建筑是吸引人的	1	2	3	4	5

(续表)

	非常不同意	不同意	一般	同意	非常同意
乐园的标识清晰易懂	1	2	3	4	5
乐园的背景音乐让我感到愉悦	1	2	3	4	5
乐园的颜色搭配很好	1	2	3	4	5
这个乐园的气氛就是我想要的	1	2	3	4	5
乐园的布局和设计让我很方便地找到自己想去的地方	1	2	3	4	5
总体来说,我喜欢这个乐园环境	1	2	3	4	5

2. 上海迪士尼乐园的交流环境

	非常不同意	不同意	一般	同意	非常同意
乐园员工穿着打扮得体	1	2	3	4	5
乐园员工是有礼貌而友好的	1	2	3	4	5
乐园员工的态度值得我的信任	1	2	3	4	5
乐园员工总能及时帮助我解决问题	1	2	3	4	5
乐园员工在演出时和我互动,带给我很多欢乐	1	2	3	4	5

3. 上海迪士尼乐园的其他游客

	非常不同意	不同意	一般	同意	非常同意
乐园的其他游客都很有礼貌	1	2	3	4	5
乐园的其他游客遵守乐园的规章制度	1	2	3	4	5
我和其他游客的互动对我的乐园体验有着积极影响	1	2	3	4	5

4. 上海迪士尼乐园的商品纪念品

	非常不同意	不同意	一般	同意	非常同意
我喜欢在乐园里购买商品	1	2	3	4	5
我想要把乐园里的商品买回家留作纪念	1	2	3	4	5

5. 上海迪士尼乐园的拍照留念

	非常不同意	不同意	一般	同意	非常同意
我觉得在乐园里和卡通人物合影很棒	1	2	3	4	5
我喜欢在乐园里照一些有纪念意义的照片	1	2	3	4	5
这些照片能帮助我保留记忆	1	2	3	4	5

第二部分：上海迪士尼乐园的体验价值

6. 希望了解您在乐园的体验收获

	非常不同意	不同意	一般	同意	非常同意
在乐园中游玩时，有很多生动清晰的画面浮现在我脑海里	1	2	3	4	5
在乐园中游玩时，有很多令人愉悦的画面浮现在我脑海里	1	2	3	4	5
在乐园中游玩时，我想起了很多以前看过的电影和书	1	2	3	4	5
在乐园里游玩，让我暂时脱离了现实世界，完全享受自我	1	2	3	4	5
当我游玩的时候，我根本意识不到时间的流逝	1	2	3	4	5
我很享受在这里游玩	1	2	3	4	5
我来这里就是为了好玩	1	2	3	4	5
我在乐园里得到了很多乐趣	1	2	3	4	5
在乐园里，我感觉自己生活在童话世界里	1	2	3	4	5
我觉得乐园就是一个充满魔法的神奇王国	1	2	3	4	5
我只能在迪士尼乐园里得到这样的体验	1	2	3	4	5

第三部分：乐园游客情绪

7. 请您告诉我们您在游玩上海迪士尼乐园时的心情和感受，分数越高越代表这个形容词能代表您的情绪，分数越低越代表您在游园的时候没有体会到这种情绪。

	非常不同意	不同意	一般	同意	非常同意
被关怀	1	2	3	4	5
感到爱	1	2	3	4	5
浪漫	1	2	3	4	5
幸福	1	2	3	4	5
温暖	1	2	3	4	5
欢乐	1	2	3	4	5
愉快	1	2	3	4	5
满足	1	2	3	4	5
高兴	1	2	3	4	5
惊奇	1	2	3	4	5
激动人心的	1	2	3	4	5
入迷的	1	2	3	4	5
梦幻的	1	2	3	4	5
生气	1	2	3	4	5
沮丧	1	2	3	4	5
失望	1	2	3	4	5
担忧	1	2	3	4	5

第四部分　满意度和重游意愿

8. 请您告诉我们您对整个游玩过程是否感到满意

	非常不同意	不同意	一般	同意	非常同意
这个乐园的表现超出了我的预期	1	2	3	4	5
这是我曾经去过的最棒的乐园之一	1	2	3	4	5
我对来到这个乐园的决定感到满意	1	2	3	4	5

9. 请您告诉我们您对上海迪士尼乐园的重游意愿

	非常不同意	不同意	一般	同意	非常同意
BI1 我还会来上海迪士尼乐园游玩	1	2	3	4	5
BI2 我非常想要再次来到这个乐园	1	2	3	4	5
BI3 我未来还是会选择上海迪士尼乐园	1	2	3	4	5

第五部分 基本信息

这一部分将询问一些关于您的基本信息，方便我们分析不同组别的被访者。您所提供的信息绝对保密。

1. 请问您游览过上海迪士尼乐园多少次（包括这次在内）？

　□1～2次　□3～4次　□5次及以上

2. 请问您这次是和谁一起来上海迪士尼乐园游玩的？

　□一个人来的　□恋人　□朋友　□家人

3. 性别

　□女性　□男性

4. 年龄组别

　□15～24岁　□25～34岁　□35～44岁　□45～54岁　□≥55岁

5. 您的最高教育程度为

　□中学　□大学　□研究生

6. 您的个人每月收入为

　□人民币4 999元以下　□人民币5 000～9 999元

　□人民币10 000～19 999元　□人民币2万元以上

致　　谢

本书来自2012—2018年在上海财经大学攻读市场营销博士学位的研究成果。2014—2016年我在上海申迪集团全职挂职,负责集团的培训工作,培训对象从集团管理层领导到一线员工,培训人数超过2 000人。这两年的基层工作使得我对主题乐园行业产生了浓厚的兴趣,也积累了丰富的理论和实践经验。

首先感谢我最尊敬的博士导师陈信康教授。他鼓励我思考,引领我进入学术研究的殿堂。感谢家人对我的支持,从我考博开始到撰写论文期间对我无微不至的关怀。感谢我在上海对外经贸大学工作的领导和同事,在我的博士学习期间,我有时会缺席一些会议和工作,是他们的无私帮助让我度过了这段艰苦的日子。感谢我在上海财经大学认识的一些优秀老师,包括王新新教授、陈启杰教授、晁刚令教授等,还有其他的很多授课老师,是他们严谨的教学和研究精神感染和鞭策了我。他们不同的教学风格充实了我的学术世界,启迪了我。在我撰写本书的过程中,经常翻阅这些老师的教材和笔记,对于有疑问的地方,这些老师也都不遗余力地为我解答。

感谢我在上海财经大学的同学,包括梁玲、赵红瑞、王春燕、李震等,他们在我研究中给了很多中肯的意见和帮助。在我做第一轮调研的时候,帮助我通过各种渠道收集问卷。感谢我以前在申迪工作时的领导邱一川博士。

感谢上海财经大学,这所大学和全世界一流大学一样,对博士生高标准、严要求，使得每个博士研究生在求学期间，都付出了卓越的努力，收获了累累果实。在未来，我希望自己在学术道路上继续砥砺前行。就像习近平主席说的，幸福是奋斗出来的。

主要参考文献

[1] 阿尔文·托夫勒、海蒂·托夫勒：《财富的革命》，中信出版社 2006 年版。
[2] 陈少华：《情绪心理学》，暨南大学出版社 2008 年版。
[3] 丛芳：《基于"心流体验"视角的在线消费者购买行为影响因素研究》，上海交通大学 2008 年硕士论文。
[4] 罗伯特·F. 德维利斯：《量表编制：理论与应用》（第 2 版），重庆大学出版社 2004 年版。
[5] 邓天白：《美国印第安纳州三大文化节庆受众调查研究》，华东师范大学 2013 年博士论文。
[6] 董观志、李立志：《盈利与成长：迪斯尼的关键策略》，清华大学出版社 2006 年版。
[7] 杜建刚：《中国本土文化背景下服务失败补救情绪机制研究——情绪感染和面子视角》，南开大学 2007 年博士论文。
[8] 范秀成、张彤宇：《服务营销组合与服务品牌权益：影响路径和作用强度》，中国市场学会 2006 年年会暨第四次全国会员代表大会论文集。
[9] 郭小艳、王振宏：《积极情绪的概念、功能与意义》，《心理科学进展》，2007 年第 15 期，第 810—815 页。
[10] 何佳讯：《品牌关系质量本土化模型的建立与验证》，《华东师范大学学报（哲学社会科学版）》，2006 年第 3 期，第 100—106 页。
[11] 贺和平、刘雁妮、周志民：《体验营销研究前沿评介》，《外国经济与管理》，

2010年第8期,第42—50页。

[12] 乐国安、董颖红:《情绪的基本结构:争论、应用及其前瞻》,《南开学报(哲学社会科学版)》,2013年第1期,第140—150页。

[13] 李晶:《情绪认知理论的寓身进路》,山西大学2015年博士论文。

[14] 龙江智:《从体验视角看旅游的本质及旅游学科体系的构建》,《旅游学刊》,2005年第1期,第21—26页。

[15] 罗胜强、姜嬿:《管理学问卷调查研究方法》,重庆大学出版社2015年版。

[16] 罗盛锋、黄燕玲、程道品、丁培毅:《情感因素对游客体验与满意度的影响研究——以桂林山水实景演出"印象·刘三姐"为例》,《旅游学刊》,2011年第1期,第51—58页。

[17] 马勇:《旅游规划与开发》,高等教育出版社2002年版。

[18] 孟昭兰:《情绪心理学》,北京大学出版社2005年版。

[19] 孟昭兰、阎军、孟宪东:《确定婴儿面部表情模式的初步尝试》,《心理学报》,1985年第17期,第55—61页。

[20] 彭聃龄:《普通心理学》(修订版),北京师范大学出版社2001年版。

[21] 石林:《情绪研究中的若干问题综述》,《心理科学进展》,2000年第1期,第63—68页。

[22] 田野、卢东、Samart Powpaka:《游客的敬畏与忠诚:基于情绪评价理论的解释》,《旅游学刊》,2015年第30期,第80—88页。

[23] 涂红伟、熊琳英、黄逸敏、郭功星:《目的地形象对游客行为意愿的影响——基于情绪评价理论》,《旅游学刊》,2017年第2期,第32—41页。

[24] 汪秀英:《基于体验经济的消费者行为模式研究》,首都经济贸易大学出版社2012年版。

[25] 王新新、刘伟:《试论市场营销中真实性问题研究的缘起、主要内容与未来方向》,《外国经济与管理》,2010年第32期,第31—39页。

[26] 谢晶、方平、姜媛:《情绪测量方法的研究进展》,《心理科学》,2011年第2期,第488—493页。

[27] 谢彦君、彭丹:《旅游、旅游体验和符号——对相关研究的一个评述》,《旅游科学》,2005年第6期,第1—6页。

[28] 叶顺:《乡村小型接待企业成长的内在机制、影响因素及对顾客体验的效应研究》,浙江大学 2016 年博士论文。

[29] 张亦梅:《企业赢得竞争优势的新战略——体验营销》,《经济前沿》,2004 年第 2 期,第 113—115 页。

[30] 左玉涵、谢小云:《组织行为领域情绪作用机制研究回顾与展望》,《外国经济与管理》,2017 年第 8 期,第 28—39 页。

[31] 主题娱乐协会 TAE 和 AEOCOM:《2016 全球主题公园和博物馆报告》http://www.sohu.com/a/150850926_783459.

[32] Aho, S. K., 2001, "Towards a General Theory of Touristic Experiences: Modelling Experience Process in Tourism", *Tourism Review*, 56(3/4): 33-37.

[33] Ajzen, I., 1991, "The Theory of Planned Behavior", *British Journal of Social Psychology*, 14(2): 137.

[34] Allen, C. T., Machleit, K. A., and Kleine, S. S., 1992, "A Comparison of Attitudes and Emotions as Predictors of Behavior at Diverse Levels of Behavioral Experience", *Journal of Consumer Research*, 18(4): 493-504.

[35] Arnould, E. J., Price, L. L., and Tierney, P., 1998, "Communicative Staging of the Wilderness Servicescape", *Service Industries Journal*, 18(3): 90-115.

[36] Arrasvuori, J., and Korhonen, H., 2010, "Exploring Playfulness in User Experience of Personal Mobile Products", Conference of the Computer-Human Interaction Special Interest Group of Australia on Computer-Human Interaction, 88-95.

[37] Assael, H., 1987, *Consumer Behavior and Marketing Action*, Boston: Kent Publishing Company, 20(1): 108-115.

[38] Aurier, P., and Guintcheva, G., 2014, "Using Affect-Expectations Theory to Explain the Direction of the Impacts of Experiential Emotions on Satisfaction", *Psychology & Marketing*, 31(10):

900-913.

[39] Babin, B. J., Darden, W. R., and Griffin, M., 1994, "Work and/or Fun: Measuring Hedonic and Utilitarian Shopping Value", *Journal of Consumer Research*, 20(4): 644-656.

[40] Bagozzi, R. P., Gopinath, M., and Nyer, P. U., 1999, "The Role of Emotions in Marketing", *Journal of the Academy of Marketing Science*, 27(2): 184-206.

[41] Bagozzi, R. P., Yi, Y., and Phillips, L. W., 1991, "Assessing Construct Validity in Organizational Research", *Administrative Science Quarterly*, 36(3): 421-458.

[42] Baker, J., and Cameron, M., 1996, "The Effects of the Service Environment on Affect and Consumer Perception of Waiting Time: an Integrative Review and Research Propositions", *Journal of the Academy of Marketing Science*, 24(4): 338-349.

[43] Bigné, J. E., Mattila, A. S., and Andreu, L., 2008, "The Impact of Experiential Consumption Cognitions and Emotions on Behavioral Intentions", *Journal of Services Marketing*, 22(4): 303-315.

[44] Bigné, J. E., Sánchez, M. I., and Sánchez, J., 2001, "Tourism Image, Evaluation Variables and after Purchase Behaviour: Inter-relationship", *Tourism Management*, 22(6): 607-616.

[45] Bitner, M. J., 1992, "Servicescape: the Impact of Physical Surroundings on Customers and Employees", *Journal of Marketing*, 56(2): 57-71.

[46] Braun K. A., 1999, "Postexperience Advertising Effects on Consumer Memory", *Journal of Consumer Research*, 25(4): 319-334.

[47] Breitsohl, J., and Garrod, B., 2016, "Assessing Tourists' Cognitive, Emotional and Behavioral Reactions to an Unethical Destination Incident", *Tourism Management*, 54: 209-220.

[48] Carù, A., and Cova, B., 2003, "A Critical Approach to Experiential Consumption: Fighting Against The Disappearance Of The Contemplative

Time", *Critical Marketing:* Visibility, Inclusivity, Captivity, 23: 1-16.

[49] Carù, A., and Cova, B., 2006, "How to Facilitate Immersion in a Consumption Experience: Appropriation Operations and Service Elements", *Journal of Consumer Behavior*, 5(1): 4-14.

[50] Chebat, J. C., and Slusarczyk, W., 2005, "How Emotions Mediate the Effects of Perceived Justice on Loyalty in Service Recovery Situations: An Empirical Study", *Journal of Business Research*, 58(5): 664-673.

[51] Chen, C. F., and Chen, F. S., 2010, "Experience Quality, Perceived Value, Satisfaction and Behavioral Intentions for Heritage Tourists", *Tourism Management*, 31(1): 29-35.

[52] Churchill, G. A., 1979, "A Paradigm for Developing Better Measures of Marketing Constructs", *Journal of Marketing Research*, 16(1): 64-73.

[53] Clore, G. L., Schwarz, N., and Conway, M., 1994, "Affective Causes and Consequences of Social Information Processing", In *Handbook of Social Cognition*, 2nd ed., Vol. 1, Eds. Robert Wyer, Thomas Srull, and Alice Isen, Hillsdale, NJ: Lawrence Erlbaum, 323-417.

[54] Csikszentmihalyi, M., 1975, *Beyond Boredom and Anxiety*, San Francisco, CA: Jossey-Bass.

[55] DeVellis, R. F., 1991, *Scale Development: Theory and Applications*, Sage Publications, Inc.

[56] Dong, P., Siu Y. M., 2013, "Servicescape Elements, Customer Predispositions and Service Experience: The case of theme park visitors", *Tourism Management*, 36: 541-551.

[57] Dubé, L., and Menon, K., 2000, "Multiple Roles of Consumption Emotions in Post-purchase Satisfaction with Extended Service Transactions", *International Journal of Service Industry Management*, 11(3): 287-304.

[58] Faullant, R., Matzler, K., and Mooradian, T. A., 2011, "Personality, Basic Emotions, and Satisfaction: Primary Emotions in the Mountaineering Experience", *Tourism Management*, 32(6): 1423-1430.

[59] Fornell, C., 2005, "A National Customer Satisfaction Barometer: The Swedish Experience", *Chinese Journal of Management*, 56(1): 6-21.

[60] Fredrickson, B. L., 2001, "The Role of Positive Emotions in Positive Psychology: The Broaden-and-Build Theory of Positive Emotions", *Journal of Consumer Psychology*, 56(3): 218-226.

[61] Fredrickson, B. L., and Branigan, C., 2005, "Positive Emotions Broaden the Scope of Attention and Thought-Action Repertoires", *Cognition & Emotion*, 19(3): 313-332.

[62] Frijda, N. H., 1986, *The Emotions*, Cambridge, UK: Cambridge University Press.

[63] Green, M. C., Brock, T. C., and Kaufman, G. F., 2004, "Understanding Media Enjoyment: The Role of Transportation into Narrative Worlds", *Communication Theory*, 14(4): 311-327.

[64] Green, R., 1996, "Typologies and Taxonomies: An Introduction to Classification Techniques", *Journal of the Association for Information Science & Technology*, 47(4).

[65] Han, H., and Back, K-J., 2007, "Assessing Customers' Emotional Experiences Influencing Their Satisfaction in the Lodging Industry", *Journal of Travel & Tourism Marketing*, 23(1): 43-56.

[66] Han, J. S., Patterson, I., Pringle, R., and Sibson, R., 2007, "An Analysis of the Influence that Leisure Experiences Have on a Person's Mood State, Health and Wellbeing", *Annals of Leisure Research*, 10(3-4): 328-351.

[67] Hirschman, E. C., and Stern, B. B., 1999, "The Roles of Emotion in Consumer Research", *Advances in Consumer Research*, 26(1): 4-11.

[68] Holbrook, M. B., 2000, "The Millennial Consumer in the Texts of Our

Times: Experience and Entertainment", *Journal of Macromarketing*, 20(2): 178-192.

[69] Hosany, S., and Gilbert, D., 2010, "Measuring Tourists' Emotional Experiences toward Hedonic Holiday Destinations", *Journal of Travel Research*, 48(4): 513-526.

[70] Hosany, S., Prayag, G., Martin, D., Sirakayaturk, E., and Cho, W. N., 2013, "Patterns of Tourists' Emotional Responses, Satisfaction, and Intention to Recommend", *Journal of Business Research*, 66(6): 730-737.

[71] Hsu, C. L., Chang, K. C., and Chen, M. C., 2012, "The Impact of Website Quality on Customer Satisfaction and Purchase Intention: Perceived Playfulness and Perceived Flow as Mediators", *Information Systems and E-Business Management*, 10(4): 549-570.

[72] Io, Man-U., 2016, "Exploring the Impact of Hedonic Activities on Casino-hotel Visitors' Positive Emotions and Satisfaction", *Journal of Hospitality and Tourism Management*, 26: 27-35.

[73] Izard, C. E., 2007, "Basic Emotions, Natural Kinds, Emotion Schemas, and a New Paradigm", *Perspectives on Psychological Science*, 2(3): 260-280.

[74] Jackson, A., and Konell, S., 1993, "A Tale of Two Images: Functional Versus Psychological Components of Three Store Types", *Symposium on Patronage Behavior & Retail Strategy*, 193-202.

[75] Jackson, M. S., White, G. N., and Schmierer, C. L., 1996, "Tourism Experiences within an Attributional Framework", *Annals of Tourism Research*, 23(4): 798-810.

[76] Jin, N. H., Sangmook, L., and Hyuckgi, L., 2013, "The Effect of Experience Quality on Perceived Value, Satisfaction, Image and Behavioral Intention of Water Park Patrons: New Versus Repeat Visitors", *International Journal of Tourism Research*, 17(1): 82-95.

[77] Kao, Y. F., Huang, L. S., and Yang, M. H., 2007, "Effects of Experiential Elements on Experiential Satisfaction and Loyalty Intentions: A Case Study of the Super Basketball League in Taiwan", *International Journal of Revenue Management*, 1(1): 79-96.

[78] Kim, H. W., Xu, Y., and Gupta, S., 2012, "Which is More Important in Internet Shopping, Perceived Price or Trust?", *Electronic Commerce Research & Applications*, 11(3): 241-252.

[79] Ladhari, R., 2013, "A Review of Twenty Years of SERVQUAL research", *International Journal of Quality & Service Sciences*, 1(2): 172-198.

[80] Ledoux, J. E., 2000, "Emotion Circuits in the Brain", *Annual Review of Neuroscience*, 23(23): 155-184.

[81] Lee J., Lee C., and Choi Y., 2011, "Examining the Role of Emotional and Functional Values in Festival Evaluation", *Journal of Travel Research*, 50(6): 685-696.

[82] Lee, Y. K., Lee, C. K., Lee, S. K., and Babin, B. J., 2008, "Festivalscapes and Patrons' Emotions, Satisfaction, and Loyalty", *Journal of Business Research*, 61(1): 56-64.

[83] Lin, I. Y., and Worthley, R., 2012, "Servicescape Moderation on Personality Traits, Emotions, Satisfaction, and Behaviors", *International Journal of Hospitality Management*, 31(1): 31-42.

[84] Mano, H., and Oliver, R. L., 1993, "Assessing the Dimensionality and Structure of the Consumption Experience: Evaluation, Feeling, and Satisfaction", *Journal of Consumer Research*, 20(3): 451-466.

[85] Mathwick, C., Malhotra, N., and Rigdon, E., 2001, "Experiential Value: Conceptualization, Measurement and Application in the Catalog and Internet Shopping Environment", *Journal of Retailing*, 77(1): 39-56.

[86] Mehrabian, A., 1995, "Framework for a Comprehensive Description

and Measurement of Emotional States", *Genetic Social and General Psychology Monographs*, 121(3): 339.

[87] Menon, K., and Dubé, L., 2000, "Ensuring Greater Satisfaction by Engineering Salesperson Response to Customer Emotions", *Journal of Retailing*, 76(3): 285-307.

[88] Nye, R. B., 2010, "Eight Ways of Looking at an Amusement Park", *Journal of Popular Culture*, 15(1): 63-75.

[89] O'Dell, T., 2005, "Experiencescapes: Blurring Borders and Testing Connections", *Experiencescapes: Tourism Culture & Economy*, Copenhagen: Copenhagen Business School Press: 11-33.

[90] Oh, S., 2008, "The Dimensions of Customer Experience and the Effect of Customers' Channel Choice on Customer Experience", *Dissertations & Theses-Gradworks*, Purdue University, Ph.D.

[91] Oliver, R. L., 1999, "Whence Consumer Loyalty?", *Journal of Marketing*, 34(63): 33-44.

[92] Olsen, S. O., Wilcox, J., and Olsson, U., 2005, "Consequences of Ambivalence on Satisfaction and Loyalty", *Psychology & Marketing*, 22(3): 247-269.

[93] Ortony, A., and Turner, T. J., 1990, "What's Basic about Basic Emotions", *Psychological Review*, 97(3): 315-331.

[94] Parasuraman, A., Zeithaml, V. A., and Malhotra, A., 2005, "E-S-Qual: A Multiple-Item Scale for Assessing Electronic Service Quality", *Journal of Service Research*, 7(3): 213-233.

[95] Plutchik, R., 1982, "A Psychoevolutionary Theory of Emotion", *Social Science Information*, 21(4-5): 529-553.

[96] Richins, M. L., 1997, "Measuring Emotions in the Consumption Experience", *Journal of Consumer Research*, 24(2): 127-146.

[97] Russell, J. A., 2003, "Core Affect and the Psychological Construction of Emotion", *Psychological Review*, 110(1): 145-72.

[98] Russell, J. A., and Yik, M. S. M., 1994, "Emotion among the Chinese", *M.h.bond the Handbook of Chinese Psychology*, 89(3): 112-116.

[99] Schwarz, N., and Clore, G. L., 1981, "Mood, Misattribution, and Judgement of Well-being: Informative and Directive Functions of Affective States", *Journal of Personality & Social Psychology*, 45(3): 513-523.

[100] Sharpley, R., and Stone, P., 2011, "Socio-cultural Impacts of Events: Meanings, Authorized Transgression and Social Capital", *Government & Opposition*, 32(4): 657-678.

[101] Shaver, P., Schwartz, J., Kirson, D., and O'Connor, C., 1987, "Emotion Knowledge: Further Exploration of a Prototype Approach", *Journal of Personality & Social Psychology*, 52(6): 1061-1086.

[102] Sui, J. J., and Baloglu, S., 2003, "The Role of Emotional Commitment in Relationship Marketing: An Empirical Investigation of a Loyalty Model for Casinos", *Journal of Hospitality & Tourism Research*, 27(4): 470-489.

[103] Turner, J. H., and Stets, J. E., 2007, *Handbook of the Sociology of Emotions*, New York: Springer, 2006.

[104] Watson, L., and Spence, M. T., 2007, "Causes and Consequences of Emotions on Consumer Behavior: A Review and Integrative Cognitive Appraisal Theory", *European Journal of Marketing*, 41(5/6): 487-511.

[105] Westbrook, R. A., and Oliver, R. L., 1991, "The Dimensionality of Consumption Emotion Patterns and Consumer Satisfaction", *Journal of Consumer Research*, 18(1): 84-91.

[106] Wirtz, J., and Bateson, J. E. G., 2004, "Consumer Satisfaction with Services: Integrating the Environment Perspective in Services Marketing into the Traditional Disconfirmation Paradigm", *Journal*

of Business Research, 44(1): 55-66.

[107] Wu, H. C., and Ko, Y. J., 2013, "Assessment of Service Quality in the Hotel Industry", *Journal of Quality Assurance in Hospitality & Tourism*, 14(3): 218-244.

[108] Zajonc, R. B., 1984, "On the Primacy of Affect", *American Psychologist*, 39(2): 117-123.

[109] Zeithaml, V. A., 2000, "Service Quality, Profitability, and the Economic Worth of Customers: What We Know and What We Need to Learn", *Journal of the Academy of Marketing Science*, 28(1): 67-85.

本书引用参考文献较多,完整参考文献请扫二维码。

图书在版编目(CIP)数据

主题乐园游客重游意愿影响机制研究:以上海迪士尼乐园为例/杜佳毅著. —上海:复旦大学出版社,2021.7
ISBN 978-7-309-15363-7

Ⅰ.①主… Ⅱ.①杜… Ⅲ.①游乐场-游客-研究-上海 Ⅳ.①F719.5

中国版本图书馆 CIP 数据核字(2020)第 190444 号

主题乐园游客重游意愿影响机制研究——以上海迪士尼乐园为例
ZHUTI LEYUAN YOUKE CHONGYOU YIYUAN YINGXIANG JIZHI YANJIU
——YI SHANGHAI DISHINI LEYUAN WEILI
杜佳毅　著
责任编辑/张美芳

复旦大学出版社有限公司出版发行
上海市国权路 579 号　邮编:200433
网址:fupnet@fudanpress.com　http://www.fudanpress.com
门市零售:86-21-65102580　团体订购:86-21-65104505
出版部电话:86-21-65642845
上海四维数字图文有限公司

开本 787×960　1/16　印张 13.5　字数 207 千
2021 年 7 月第 1 版第 1 次印刷

ISBN 978-7-309-15363-7/F·2750
定价:69.00 元

如有印装质量问题,请向复旦大学出版社有限公司出版部调换。
版权所有　侵权必究